MATTHIAS POLITYCKI

Das Schweigen am andern Ende des Rüssels

Buch

Matthias Politycki bricht auf zu fernen Ufern: In siebzehn eng miteinander verbundenen Geschichten erzählt er von exotischen Schauplätzen in aller Welt, von unvertrauten Orten, die mal Mongolei, mal Uganda, mal Statesboro, mal World's End heißen. Aber er erkundet auch heimatliche Regionen, die wir eigentlich zu kennen glauben. Und überall beobachtet er zudem all die Ticks und Eigenarten seiner Mitreisenden, die jenseits ausgetretener Touristenpfade auf der Suche nach dem großen Abenteuer, dem großen Erstaunen sind – eine Suche, die oft in kleinen oder großen und doch höchst unterhaltsamen Schrecknissen endet. Mit ihnen erlebt der Leser, wie sich Callgirls und Literaturwissenschaftler auf wundersame Weise in Sofia begegnen; wie ein 70jähriger Bergführer aus Wien die transsibirische Steppenlandschaft verflucht und von einem Gletscher träumt – bis er in der Wüste Gobi tatsächlich einen zu Gesicht bekommt; wie geldgierige Mönche mitten im Dschungel ein absurdes Heiligtum auftun oder wie das Tanken irgendwo in Amerika zur existentiellen Katastrophe wird. Aber auch die Universitätsdozentin soll nicht verschwiegen werden, die im perfekt faltenlosen, eierschalenfarbenen Kostüm durch ganz China reist, sich aber weigert, den Reisebus auch nur für einen Schritt nach draußen zu verlassen ...

Autor

Matthias Politycki, geboren 1955, lebt in Hamburg und München. Spätestens seit seinen Büchern »Weiberroman« und »Ein Mann von vierzig Jahren« gilt er als einer der renommiertesten Vertreter der deutschsprachigen Gegenwartsliteratur. Darüber hinaus hat er sich als streitbarer Autor profiliert, der sich engagiert an aktuellen Debatten über den Stellenwert der Kunst beteiligt.

Matthias Politycki

Das Schweigen am andern Ende des Rüssels

GOLDMANN

Umwelthinweis:
Alle bedruckten Materialien dieses Taschenbuches
sind chlorfrei und umweltschonend

Der Wilhelm Goldmann Verlag, München, ist ein
Unternehmen der Verlagsgruppe Random House GmbH

Taschenbuchausgabe Mai 2003

Umschlaggestaltung: Design Team München
Umschlagfoto: Look/Potschka
Druck: Elsnerdruck, Berlin
Verlagsnummer: 45326
MA · Herstellung: Sebastian Strohmaier
Made in Germany
ISBN: 3-442-45326-7
www.goldmann-verlag.de

1 3 5 7 9 10 8 6 4 2

Inhalt

Schrecklich schöner Tag

Outer Banks, April 1995

Ein paar Inseln gibt's vor der Küste
von North Carolina, eine Serie an Sandbänken, nicht
viel breiter als die Straße, jedoch
fast zweihundert Meilen lang! nichts
als Leuchttürme, Dünen und graugelbes Gras
und Möwen, natürlich, mit weißen
und mit schwarzen Köpfen

Nun stell dir mal vor, wie ich
in meinem glitzergrünen Chevrolet sitze
und ziemlich lässig so durchs Meer fahre:
Der Mann im Radio spielt die passende Musik,
die Aircondition schnurrt ganz sanft dazu, sogar die
Geschwindigkeit hab ich am Lenkrad eingestellt,
im Grunde brauch ich bloß noch
die Augen aufzureißen und die Ohren

Verstehst du,
die Welt hat sich an diesem Tag,
ich will mich wirklich nicht beschwer'n,
hat sich verteufelt angestrengt für mich:

so viele Wellen, so viel leerer Raum darüber,
so viel an weichem Wind und ... trotzdem!

Wenn ich daheim bald wieder bin
(in ein, zwei Wochen, vielleicht drei),
dann wird es keinen geben, der
meine Erinn'rung teilt an diesen schnurgeraden Tag.
»Ah, interessant«, wird man mir bestenfalls
ein Nicken gönnen, »so 'ne Art Sylt
auf Am'rikanisch« ...
Aber weißt du,
dieser Tag auf der Straße, im Meer,
der *war* nicht interessant.
Der war vielmehr so schön,
daß ich fast lauthals losgeheult hätte
mit meinen vierundvierzig Jahren,
weil ich ja wußte,
weil ich in jeder Sekunde wußte,
daß ich den Rest des Lebens
verdammt alleine bleiben würde mit
all diesen Leuchttürmen, den Möwen, den Wellen,
mit all den Brownies, die ich dabei gegessen,
den Dosen, die ich dabei leergetrunken

: in meinem fetten Glitzerchevrolet
an diesem schrecklich schönen Tag

Tod eines Thunfischs

Sharm el-Sheik, Dezember 1997

Kann sein, daß der Dezember wirklich kein guter Monat ist: Wenn der Wind kommt, dann wird's frisch für den, der unter der Sonne liegt, als sei er in Urlaub. Auch das Wasser ist kälter als sonst, was insbesondre die Haie abhält, sich blicken zu lassen – jeden Tag fuhren wir raus aufs Meer, jeden Tag kamen wir zurück, kurz bevor den Gläubigen von fernen Minaretten der Sonnenuntergang verkündet wurde, und wir, eine meist auf Englisch miteinander schweigende Schar von Ungläubigen (einschließlich eines Rolex-Russen, der mit seiner Unterwasserkamera gern kleine Fische erschreckte und sich jeden Abend von einer andern Frau am Pier abholen ließ): wir hatten wieder keinen einzigen Hai gesehen.

»No gud manß for schaks, ju noo«, erwartete uns der Koch, der auch als Tau-Werfer, Tau-Verknoter, Deck-Schrubber fungierte, erwartete uns nach jedem Tauchgang an der Leiter im Heck, um uns aus dem Wasser zu helfen: »No gud taim for fisch, tuu kolt.«

Doch wir wollten es wissen. Ob vor, mit oder nach dem Sonnenaufgang, wir stachen in See, zusammen mit einer Handvoll andrer Taucherboote, die beim Auslaufen mit ihren Lkw-Hupen durcheinandertönten. Kaum hatten wir die

Bucht von Sharm el-Sheik verlassen, übernahm der Koch für ein paar Minuten das Steuerrad, während der Kapitän höchstselbst damit beschäftigt war, »weri big bisniss, ju noo«, eine lange Nylonschnur ins Meer hinabzuspulen und, die letzten Meter der Länge nach übers Oberdeck spannend, das Ende an seinem – des Kapitäns höchsteignen – Sitz zu befestigen.

Dort verwartete er den Rest dann des Tages, seinen braunen Fuß fest am Lenkrad, und nebenbei dieselte uns zwei, drei, vier Stunden rund um die Spitzen des Sinai, hin zu den berühmten Tauchgründen und –

– zwei, drei, vier Stunden zurück, die linke Hand stets am Ende der Schnur, in schweigender Hoffnung auf den entscheidenden Ruck.

Und ansonsten?

Glitzerte das Meer, ragten die Berge, fahl und faltig, in rötlichem Schimmer. Mittags, wenn wir, wasserprasselnd, die Leiter wieder emporkamen, empfing uns der Koch mit aufmunterndem Geklapse gegen unsre Neoprenbäuche – »Lantsch redi, ju noo« –, und nachmittags, nach dem dritten Tauchgang, wenn sämtliche Lungenautomaten verstaut waren, sämtliche Schnorchel, Flossen, Brillen, Bleigürtel, dann saßen wir im Unterdeck, zeichneten unsre Logbücher wechselweise ab und erinnerten uns: an einen besonders blauen, besonders feigen Kugelfisch, an eine Schildkröte, die lang neben uns dahingesegelt, an die Napoleonfische, die uns, ein Schwarm dämlich dicklippiger Gesichter, neugierig umkreist hatten, an Hunderte von Gelbrücken-Füsilieren, die sich um gar nichts und am wenigsten um uns geschert hatten, an Skorpions-, Krokodil-, Trompeten-, Flöten-, Falterfische und

Tausende tanzender Fahnenbarsche, oh ja, gud-taim-for-fisch-ju-noo: Alle waren sie mal wieder dagewesen, in ihrer stillen Pracht. Fast alle.

Und ansonsten?

Gab's ab & zu ein Wrack, vollgestopft mit Geschützen, Gewehren, Motorrädern, Lkws oder auch mit schimmernd weißen Kloschüsseln, die's zum Teil herausgeschleudert hatte aus dem geborstnen Schiffsrumpf. Verstreut und ein wenig ratlos standen sie nun im Riff herum, es fehlten bloß die dazugehörigen Bürsten.

Und ansonsten?

Wenn's hoch kam, stießen wir auf einen Barrakuda, der reglos im Wasser stand, und achteten darauf, daß wir ihm nicht zu nahe kamen. Wenn's hoch kam, stießen wir auf einen Trupp Thunfische, wie er grausilbern gegen die Strömung kreuzte, und einmal sogar – wir schwebten möglichst unbeteiligt am Steilhang des »Shark reef«, einer Siebenhundertmeterwand am Rand des blauen Nichts – einmal sogar stob einer der Thunfische jählings hinein in den Schwarm an Füsilieren, der wenige Meter entfernt seinen Weg suchte und sich um nichts scherte, einmal also kriegten wir's hautnah mit, wie das Leben und Sterben hier so lief. Aber sicher, richtig sicher waren wir uns hinterher nicht mehr. Denn das Ganze, das hatte ja nicht länger als ein, zwei silbergrau durchblitzte Sekunden gedauert. Gleich anschließend war wieder Ruhe am Riff gewesen, ein Schwarm an Füsilieren suchte seinen Weg.

Und ansonsten?

Nein, Haie sahen wir nicht. Weder den Grauen Riff- noch den Leopardenhai, weder Hammer- noch gar Walhai, nicht mal einen Weißspitzen-Riffhai, träg auf dem Sandboden dahindösend, nicht mal den. Und abends, wenn wir in der ausgestorbnen Stadt – kurz zuvor war ein Anschlag auf Touristen verübt worden, man traf allenfalls Soldaten –, wenn wir nach Bars, Boutiquen, Cafés oder sonstigen Stätten der Zerstreuung suchten, die uns von den Reiseprospekten versprochen, abends sahen wir auch nur immer dieselben Rohbauten, das Niemandsland dazwischen, verhärmte Palmen, ein paar streng bewachte Luxushotels. Und landeten zwangsläufig im einzigen Teehaus, wo man sich zwischen Wasserpfeifenrauchern jeden Alters dem türkischen Kaffee und der Logbuchbetrachtung hingeben und beim Bezahlen aufs allerfreundlichste bescheißen lassen konnte.

Und ansonsten?

Wetzten wir anderntags wieder mit unsern Messern an der Unterwasserwelt, vorzugsweise an den riesigen Muscheln, die fast vollständig von Korallen überwuchert waren. Verläßlich fielen sie auf unsre Annäherungsversuche herein, mit ihren weit aufgesperrten Schalen wußten sie freilich so blitzartig zuzuschnappen, daß uns demnächst die Messer auszugehen drohten; der Rolex-Russe indessen schob die Kamera durchs Meer und erschreckte mit dem Blitzlicht kleine Fische. Nein, Haie sahen wir nicht. Weder den Grauen Riff- noch den Leopardenhai, weder Hammer- noch gar Walhai, nicht mal den allermickrigsten Weißspitzenhai, träg auf dem Sandboden dahindösend, nicht mal den.

Dafür sahen wir was andres, in der Mittagspause des neunten Tages. Unsre Neoprenanzüge knatterten im Wind, und wir kauerten, in graublau gestreifte Handtücher geschlungen, satt und unzufrieden auf dem Oberdeck, kauerten, taten so, als nähmen wir ein Sonnenbad und: sahen den dicken Kapitän, wie er den Motor mit einem entschiednen Ruck abwürgte. Wie er aufsprang, die Nylonschnur in der Linken, wie er zur rückwärtigen Reling lief, Laute des Glücks gen Unterdeck kehlend. Wie er mit großen fleischigen Bewegungen die Schnur einholte, unablässig das Glück aus sich heraustönend, vom Unterdeck meldete sich der Koch, der Tau-Werfer, Tau-Verknoter und unser aller Aus-dem-Wasser-Helfer, aufgeregt einen Schrubber hin & her zeigend, mit dem er gerade ganz gewiß nicht dabeigewesen, die Planken zu putzen.

In dem Maße, wie die Schnur sich verkürzte, wurden der Gesang des Kapitäns kleiner und die Gesten des Kochs knapper; als ein etwa armlanger Thunfisch kurz über die Wasserfläche tanzte und wenig später übers Deck, hingen wir – der Kapitän freilich saß da schon wieder am Steuer, der Motor tuckerte, das Wasser glitzerte, die Berge schimmerten –, hingen wir über der Reling, wild entschlossen zu jedem Schauspiel, das sich bieten würde.

Wild entschlossen auch war der Koch, wild entschlossen der Thunfisch, bald spritzte das Blut auf die Bohlen, auf unsre Preßluftflaschen, die Sitzbank, über der die Neoprenanzüge hingen und tropften. Der Koch, der keinen einzigen Ton mehr von sich gab, hatte den Stiel aus der Scheuerbürste herausgeschraubt und nichts weiter zu tun, als mit kurzen Stupsern den Fisch dran zu hindern, ins Meer zurückzuschnellen; der Fisch dagegen mit großen Augen hatte nichts weiter zu tun als zu sterben. Doch das schien ihm nicht recht zu gelingen – weit riß er das Maul auf, krümmte sich, schlug mit dem Schwanz gegens Schiff und blutete, blutete. Denn der Koch, der klopfte ihm jetzt bisweilen auf den Kopf, nicht etwa heftig, nicht etwa entschlossen, nicht etwa endgültig, sondern so, als wolle er bloß dran erinnern, sich nicht über Gebühr zu sträuben und endlich anzufangen mit dem Sterben – kleine gezielte Schläge auf den Hinterkopf, aus dem sich die Kiemen herausdrehten.

Dann lag der Fisch vor unsern Kisten mit dem Blei, den Brillen, den Flossen, lag und – am Zucken seiner Schwanzflosse zu sehen – und lebte noch immer. Der Koch stand neben ihm, über ihm, ließ die Spitze seines Stiels auf dem silbergrauen Körper hin & her streicheln und, nicht etwa in einem heftigen, einem entschloßnen, einem endgültigen Stoß, sondern sehr langsam, sehr beiläufig in die offne Kiemenspalte gleiten, schraubte sie in den Kopf des Tieres hinein.

Das Tier krümmte sehr schnell, sehr unbeiläufig die Schwanzflosse gen Himmel, doch der Koch, am andern Ende des Stiels, sagte kein Wort. Dann: wurde's ruhiger im Tier, der Koch gab sein Gerät aus der Hand, verschwand. Nach ein paar sinnlos verzuckten Momenten, in denen sich das Tier mit dem Gerät nur wenige Zentimeter und der Rest der Welt überhaupt nicht bewegt hatte, fahl und faltig schimmerte von nah und fern der Schmerz, trat sie mit einem Mal ein, die leere Sekunde

während im verwinkelt verlärmten Markt von Salvador da Bahia, zwischen geschälten Kuhfüßen und schwarzklebrigen Seilen aus Schnupftabak, ein halbes Dutzend ausgelöster Ochsenaugen, glasigbraun mit sanften Lidern: nach Käufern glotzte…

die leere Sekunde, da der Schmerz nachließ; einen Augenblick drauf tauchte er wieder auf, der Koch. Tauchte auf, um das Gerät herauszunehmen aus dem Tier, ein Stück Schnur um dessen Schwanzflosse zu wickeln und es neben der Leiter aufzuknüpfen. Neben unsrer Leiter, die herabführte ins Meer oder eigentlich aus ihm heraus.

Dort also hing das Tier und tropfte aus einem silbergrau aufgerissnen Maul, während der Koch sein Gerät in die Scheuerbürste zurückstielte und damit das Blut vom Deck schrubbte, in eins der kleinen Löcher hinein, die in der Seitenreling warteten. Auch unsre Sitzbank vergaß er nicht, die Plastikkisten mit den Bleigurten, den Brillen, den Flossen; abschließend wischte er mit seiner Hand über die Spritzer auf den Preßluftflaschen.

Als wir uns zum Nachmittagstauchgang im Heck zusammenfanden, der neunte Tag krängte gen Horizont, als wir in unsern kalten Neoprenanzügen standen und so taten, als ginge's gleich zur Sache, hing armlang vor neben zwischen uns ein Tier. Bei diesem Tauchgang sahen wir unsern ersten Weißspitzenhai, wie er auf einer Sandbank lag vor dem Riff, wie er döste. Bei diesem Tauchgang – oder beim nächsten erst beim übernächsten, ich weiß nicht mehr, denn keiner sprach danach davon. Er war, glaube ich, er war uns egal.

Weltzeitgeschichte (I)

Aarau, Bucklige Welt, Castrop-Rauxel, Dietikon, Emden, Finningen, Gaggenau, Haselbach, Idar-Oberstein, Jedelhausen, Kufstein, Leinfelden-Echterdingen, Marktredwitz, Niederweimar, Otterndorf, Pfalzgrafenweiler, Quedlinburg, Rheda-Wiedenbrück, Schaffhausen, Tettnang, Unterhaching, Verl, Wörgl, Xanten, Ybbs, Zollikofen, November 1981

Den ganzen Tag hast du gearbeitet und nun bist du leer, wie ein Kühlschrank nur leer sein kann: echolos weiß und überhell erleuchtet, ein sirrender Hohlraum, und keine einzige Flasche darin, die dir versichern könnte, sie sei dein Freund. Schon ist der Feierabend fast vorüber, und noch immer sitzt du vor deinem Telephon und sitzt: Feste möchtest du feiern, doch mit wem? Zehn Uhr bereits, und keiner, der dir das Signal geben will, die Fanfare zum Aufbruch. In Ermangelung von Alternativen: greifst du dies Buch und liest

daß auch unter der pyramidalen Schotterspitze eines Nemrut Dağhı, dreiundzwanzig Uhr, zwischen den kopflos thronenden Königs- und Götterstatuen, steinern die Nachtruhe eingehalten wird. Erst morgen, am späten Vormittag, werden wieder ein paar Touristen aufgestiegen sein vom Kurdendorf: wo sie gerade, ein Fest für die Flöhe, auf dem Wohnstubenteppich des Dorfältesten schlafen…

während man in Luxor sogar die Stunde vor Mitternacht zum Tage macht. Eifrig läßt man die Nähmaschinen surren, bis zum Morgengrauen wollen noch jede Menge Galabejas maßgeschneidert werden: für Deutsche zum dreifachen, für Amerikaner zum siebenfachen Preis…

während an der »ewig« beleuchteten Gedenkstätte hoch über Eriwan, null Uhr, eine sanfte Frauenstimme den Tod von Millionen Armeniern beklagt, Opfern einst des osmanischen Terrors: Nach Ende ihres Liedes beginnt der Tag mit einer kurzen Pause, in der die Berge rauschen – und dazu das Endlosband…

während der Wächter des Registans, des schönsten Platzes von Samarkand und vielleicht der ganzen Welt, schon seine Zwei-Uhr-Runde dreht um die ihm anvertrauten Bauten: Mitunter ist auch Allah müde, und man versucht, sich an seinem Schlaf zu bereichern, versucht, eine der kostbaren Fayencen aus den heiligen Mauern herauszubrechen – ohne Tribut zumindest an ihn zu entrichten, den Hüter des Göttlichen auf Erden…

während im ostsibirischen Bratsk, fünf Uhr, nur die Turbinen des volkseignen Staudamms arbeiten: Denn der diensthabende Talsperrenwart, vielfach mit Orden versorgter Veteran des großen vaterländischen Krieges, obliegt gerade dem Verzehr eines Taigaburgers…

während Tausende von Kilometern südwestlich, auf dem Gipfel des taoistischen Taishan ist's ebenfalls fünf, die alten Pilgerinnen bereits das Papiergeld für ihre Toten verbrennen. Eine hebt an, zahnlosen Lobpreis zu singen, dazu dann auf geschnürten Miniaturfüßen zu tanzen, das Verbot des staatlichen Aufpassers mit den Worten übertrillernd: Es sei gar nicht sie, die singe und tanze, sondern einer der Verstorbnen, der soeben in sie gefahren – dagegen sei sie machtlos…

während sich in Shanghai, auch dort ist's gerade fünf, Tausende von Schattenboxern zum Ort ihrer Morgengymnastik begeben: zum »Bund«, der breiten Uferpromenade, im Rükken die Fassaden der ehemaligen Herrenmenschensitze. Deren einer immerhin die Nächte noch beherrscht, als erste, als einzige Diskothek der Stadt: ein prächtiger Kolonialbau mit Gitteraufzug und Stuckdecken. Und mit Pissoirs, deren blaues Gütesiegel unverblaßt prangt – »Walker and Son«…

während einige Hundert Japaner, sechs Uhr, schon wieder mit dem Abstieg beginnen vom nicht mehr ganz so geheiligten Fudschijama: Einmal zumindest im Leben will man sich mit eignen Augen überzeugen, daß der Tag auch hier oben mit einer rot aufgehenden Sonne seinen Lauf nimmt. Und mit vielen glitzernden Bändern, die sich unter ihrer schrägen Strahlung bergab für ein paar Minuten bergauf ziehen – die Zwischensumme der weggeworfnen Getränkedosen am Wegesrand…

während man in Las Vegas keinen Blick übrig hat für den Wüstenhimmel, auch jetzt nicht, dreizehn Uhr, flirrende Mittagshitze. In der Tiefe der Slot Machines gilt's, das Glück zu belauern: sogar in den Toilettenkabinen. Während die ewigen Verlierer mit einer »free champagne party« getröstet werden, einem »free long-distance call«…

zum Beispiel nach Chicago, fünfzehn Uhr, wo sich derselbe Tag ganz behutsam bereits seinem Feierabend zuneigt. Nur noch wenige Stunden, dann wird im steinernen Ohr der Stadt wieder der Blues erklingen: und es wird gut so sein – vorausgesetzt, die Background-Sängerinnen mischen sich nicht unters Publikum…

während die Mofa-Schnösel hordenweise durch die Altstadt von Marrakesch hupen, Richtung Dschemaa el-Fna: weil man da auch um neun Uhr nachts die Schlangen aus den Körben lockt – mit Müh & Not & faulen Mungos – und weil man dabei bequem Touristen anbaggern oder beklauen kann…

während das weiße Kamel von Kairouan – ja, das mit den grünrot verbundnen Augen, das acht-zehn-zwölf Stunden täglich das Brunnenrad im Kreise treibt – nicht länger bei der Stange bleiben muß: denn dort ist's bereits zehn Uhr nachts…

wie hier, bei dir. Indem du's nun endlich begreifst, daß niemand mehr anrufen wird, heute nicht, morgen nicht, dein ganzes Leben lang nicht, indem du's begreifst, daß du vergessen bist von der gesamten Welt, obwohl du an solch zahlreichen Orten warst, zahlreichen Orten des Geschehens, und auch jetzt lieber wärst als in dieser aussichtslosen Geschichte, die noch nicht mal eine Geschichte ist und schon gar nicht die deine: da wird's eine Sekunde lang recht still um dich herum.

Sonnenbaden in Sibirien

Baku – Irkutsk, Juni 1987

Solange das Sowjetreich mit all seinen seligen Errungenschaften zusammenhielt, lohnte die große Rundreise, die von Moskau in der Regel über den Kaukasus und Zentralasien bis ins hinterste Sibirien führte, nicht zuletzt deswegen, weil dem deutschen Reiseleiter (der womöglich subversive Ambitionen hatte) in Moskau immer ein einheimischer Intourist-Führer zur Seite gestellt wurde. In unserm Fall ein leicht skeptisch, aber durchaus freundlich blickendes Männlein namens Pjotr.

Heißt hier nicht jeder so? witzelten wir uns durch den Begrüßungsabend, man reichte Tee, Torte, Wodka, während eine Rockband die Hits der frühen Siebziger abnudelte und Pjotr an seiner Brille rückte, am Kragen zupfte, die Hände ineinander verschlang. Die Hände verknotete, verwirrte, weil er nach seiner »heiligen Tasche« mit den Reiseunterlagen suchte und dabei auf unschuldigste Weise schuldbewußt in die Runde grinste. Die Hände erst wieder entknotete, entwirrte, als er die Tasche entdeckt hatte, wie sie arglos an seiner Schulter hing.

Pjotr. Schon tagsdrauf ahnte der eine oder andre von uns, daß sich hinter seiner Tolpatscherei nichts Geringeres verbergen müsse als ein besonders raffinierter Sonderling, der seine Spleens ausgerechnet dadurch auslebte, daß er sich arglosen Touristen andiente: *Die* würden seine gesammelten Ticks als russischen Nationalcharakter durchgehen lassen. Am zweiten Tag waren wir der Meinung, Pjotr sei nicht etwa nur Schelm, sondern verkappter Systemkritiker, der sich des Tölpeltums als Maske bediente, zumindest ein hochintelligenter Abweichler, der mit Hilfe vorgegaukelter Einfalt seinen geistigen Freiraum wahrte. Am dritten Tag einigten wir uns darauf, Pjotrs gespielte Weltfremdheit solle davon ablenken, daß er uns nach Strich & Faden für den KGB … und am vierten Tag wußten wir gar nichts mehr über ihn.

Pjotr. Trotz aller Mißlichkeiten, so schritt er mit uns übern Roten Platz, von den Trillerpfeifen der breitbeinig dort nach dem Rechten sehenden Soldaten? Polizisten? vielfach zur Räson gerufen, trotz aller Mißlichkeiten, die ihm bisweilen im Umgang mit andern »Werktätigen« so widerführen, glaube er fest ans Gute im Menschen. Insbesondre im Sowjetmenschen, selbst wenn ihm deren trillerpfeifende Ermahnungen nicht ganz verständlich werden wollten: Ständig wurde er zurückgepfiffen, zur Seite gepfiffen, bei jedem seiner Schritte konnte man in Angst vor dem nächsten Anpfiff geraten. Bis er sich samt heiliger Tasche schließlich auf die längste Rolltreppe der Welt rettete, in die sicheren Abgründe einer U-Bahn-Station.

Pjotr. Nein, auch ein heimlicher Anarchist war er nicht, auf seinen schmalen abschüssigen Schultern lastete kein Druck einer revolutionären oder wenigstens volkserzieherischen Aufgabe, nein. Aber was dann? Vielleicht hatte er schlichtweg genug mit der Abwicklung seiner eignen Seltsamkeiten zu tun? Und war deshalb ständig auf der Flucht: vor den andern, der sogenannten Tücke des Objekts oder gar einem Teil seiner selbst, wie man den stets sich ändernden Positionen seiner Brille ablesen konnte. Einer Brille, die er nach dem Marsch durch den Regen – Schlechtwetter schien hier zum täglichen Besichtigungsprogramm zu gehören –, die er nach Betreten des Kaufhauses GUM oder des Lenin-Mausoleums keineswegs gleich abnahm, um durch Trockenreiben der Gläser wieder für den vollen Durchblick zu sorgen. Sondern, im Gegenteil, nichts dergleichen machte, nichts. Auf daß er den Blick – durch den glitzernden Wasserperlenvorhang seiner Brillengläser allen Zudringlichkeiten entzogen – für ein paar Minuten völlig nach innen drehen durfte.

Pjotrs Hauptproblem bestand nun darin, rechtzeitig zurückzukehren aus solch selbstgewählten Momenten des Urlaubs vom Urlaub, zumindest einigermaßen rechtzeitig: Immerhin fungierte er als Reiseleiter. Den Rest der Zeit agierte er nämlich fehlerfrei, in äußerster Besorgtheit um unser Wohl, jedes Jungfrauenkloster (prächtige Popen!) mußte zur rechten Zeit betreten, jeder Staatszirkus (dressierte Schweine!) zur rechten Zeit verlassen und damit das Glück auf dieser Welt vermehrt werden. Wenn ihm das besonders reibungslos gelang, womöglich trotz widriger Umstände, verteilte er vor Freude feuchte Schlabberküsse (linke Wange, rechte Wange), in freudigster Erregung auch schon mal an den nächststehenden Mann. Was ihm keinesfalls vermehrte Zuneigung eintrug.

Denn im Auffinden entsprechender Gelegenheiten war er äußerst gewitzt, jedweder Programmpunkt schien ihm von unwägbaren Zwischenfällen bedroht und, nach Ausbleiben derselben, auf wundersamste Weise bewältigt: Bereits auf unsrer nächsten Station, in Tiflis, wo zwischen lauter Weinbergen zunächst alles zu klappen schien, legte er ein bedeutendes Zeugnis seines Pflichtbewußtseins ab. Als er die Frau eines Gynäkologen, wir wanderten durch einsame georgische Landschaft, der Sewan-See leuchtete türkis inmitten nackter Berge, als er die Frau, die sich zusehends dringlicher mit einigen Mitwanderern beraten und schließlich entschlossen hinter ein paar Felsen geschlagen hatte, als er die Frau, in der festen Meinung, sie sei aus Unachtsamkeit vom Weg abgekommen und also drauf & dran verlorenzugehen, als er die Frau, die sich gerade erst in Sicherheit wähnte, gleich wieder aufgespürt und das drohende Schicksal von ihr abgewandt hatte: da küßte er sie auf derart herzliche Weise, daß … sie jedenfalls danach nicht mehr hintern Felsen mußte.

Dabei feierte Pjotr in solchen Momenten nicht etwa nur die Rettung aus einer jählings vom Schicksal auferlegten Schieflage, sondern in und mit ihr die ganze Welt, vorausgesetzt es war eine nach sowjetischem Zuschnitt. Am Abend just jenes bedeutsamen Tages, wir saßen an nuß- und gräserartigen Vorspeisen, an Auberginen in Senfsoße, an Hasenspießen, trat er darob in eine philosophische Diskussion. Ausgerechnet mit dem Gynäkologen. Und vertrat mehrere grüne und rote Limonaden lang, heftig seine beiden Hände an der heiligen Tasche verklammernd, die Ansicht, es gebe lediglich *zwei* Arten des Denkens, eine sozialistische und eine falsche, und wenn die sozialistische Ordnung mal wieder den gerechten Sieg davongetragen, mal wieder triumphiert habe über kapitalistische Störversuche, sei das wahrlich Grund zu feiern.

Worauf ihm der Gynäkologe nicht zu widersprechen wußte.

Noch während der anschließenden Tage in Eriwan, die *im Prinzip* für Blicke auf den Ararat vorgesehen waren, in unserm Fall aber ausnahmsweise für welche auf Wolken, noch während der anschließenden Tage in Baku, für die uns Pjotr den Zauber des Aralsees versprochen und mit Hilfe einiger verkommner Öltürme dann tatsächlich vermittelt hatte, wußten wir nicht, ob wir unsern Intourist-Begleiter nun einfach belächeln oder doch eher beargwöhnen sollten. Erst der Tag unsres Abflugs nach Sibirien sollte die Entscheidung bringen.

Kaum hatten wir das Hotel geräumt, fragte Pjotr, wie's bei derartigen Anlässen so seine Art war, besorgt bei jedem einzelnen nach, ob er den Zimmerschlüssel abgegeben. Da wir der Reihe nach nickten, setzte er sich seine skeptische Grundmiene auf – es schien auch heute ohne sein Zutun zu gehen? – und der Bus in Bewegung. Erst kurz vor dem Flughafen hielt er auf freier Strecke mit einem Mal an: Es sei *doch* noch ein Schlüssel aufgetaucht, verkündete Pjotr zu unser aller Erstaunen, nicht ohne sich durch Abnehmen der Brille möglichen Nachfragen zu entziehen.

Ach, Pjotr, an diesem Tag verhalfst du uns zu einem Nachtflug nach Irkutsk, weil wir … zwar ohne dich zum Flughafen weitergefahren waren, dort jedoch an jedem Schalter aufs neue feststellen mußten, wie sehr der Lauf der Dinge deiner rettenden Eingriffe bedurfte. Wohingegen du, einen Autofahrer umarmend, der auf dein Gestikulieren hin angehalten und sogar ausgestiegen war, wohingegen du schleunigst das Weite gesucht hattest, Richtung Innenstadt, Richtung Hotel.

Lange, allzu lange warteten wir am Rande des Rollfeldes, keine einzige Trillerpfeife wollte ertönen, sofern wir darauf Spaziergänge unternahmen. Selbst unser deutscher Reiseleiter, ein aufs äußerste lässiger Herr, der ansonsten hinter deinem Rücken »das Gröbste« immer zu richten gewußt, blickte häufiger auf die Uhr, als es seinem Image förderlich war. Doch erst, als wir zugesehen hatten, wie sich unsre keinesfalls planmäßig startende Maschine mit wackelnden Flügeln vom Boden hochpropellert hatte, kamst im spinnenbeinigen Galopp *du* übers Rollfeld gerannt, beschwörend die heilige Tasche in die Höhe haltend, hier sind sie, die unseligen Tickets, das Taxi vom Hotel war leider nicht schneller und –

– obwohl du sehr erschöpft warst nach diesem knappen Abwenden der Katastrophe, versäumtest du's nicht, uns über die lange Wartezeit hinwegzutrösten, indem du vom Sonnenbaden in Sibirien scherztest: Unter den neuen Umständen könnten wir damit gleich nach der morgigen Landung beginnen, welch Glück, wenn man's also richtig herum bedachte, daß uns die erste Übernachtung dort erspart blieb! Statt dessen würden wir bereits die allerfrühsten Sonnenstrahlen, der Bräunungseffekt sei ja bekanntlich vormittags –

Sonnenbaden! höhnten wir. In Sibirien! Da würden wir unsre Zeit wohl eher mit den sattsam bekannten zwei Latten verbringen – der einen zum Gletscherspalten-Überqueren, der andern, um dabei die Wölfe abzuwehren, haha.

Pjotr, er ruckelte nicht mal mehr an seiner Brille, sah uns nur verständnislos an: So viel Glück im Unglück, so viel gerade noch gerettete Ordnung im Chaos – doch keiner außer ihm, der das zu schätzen wußte. Und wollten die Worte schier in ihm erglühen, er verkniff sie sich, die Hände fest an der heiligen Tasche, und eine nonverbale Bekundung seiner Erleichterung erst recht.

Aber, Pjotr, mit einer derart dicken Stewardess, die sich dann in der Nachtmaschine durch die Reihen zwängte, indem sie mit ihren werktätigen Hüften gleichzeitig an *beiden* Gangsitzen entlangstreifte und die darin Dösenden weckte, mit einer derart durchsetzungsfähigen Person hatte dein freundliches Wesen nicht gerechnet. Zwar zeigte nach Mitternacht auch sie, daß sie menschlicher Regungen fähig, indem sie sich den gewichtigen Dienst erleichterte und die Schuhe auszog, war ansonsten allerdings ein Muster an sozialistischer Pflichterfüllung.

Wahrscheinlich war's somit vom Dienstplan fest vorgegeben, nicht persönliche Willkür, daß sie um zwei Uhr nachts das Aeroflot-Menü servierte: kaltes Huhn, nein: kalte Henne, nein: das Segment eines zum Himmel stumm schreienden Hahns, dem man selbst im Tode noch ansah, welch hartes Leben er geführt, garniert mit einer Tomate, und das alles nicht etwa vorab portioniert und unter Klarsichtfolie gequetscht, sondern auf dem Servierwägelchen frei sich entfaltend – ein regelrechter Haufen an halben, nein, an geviertelten Hähnen, in den die Dicke ohne jedes Zögern, Erklären, Vorbereiten: mit gleichmäßiger Gerechtigkeit eine Gabel hineinfahren ließ, herausfahren ließ, das aufgespießte Stück auf einem Plastikteller plazierend, den sie ihm mit der andern Hand entgegendrückte. Um es – in derselben ruckartigen Bewegung – mit dem Daumen schon wieder von der Gabel abzustreifen, Mahlzeit.

Solcherart ihr Wägelchen durch die Nacht schiebend,

weckte sie gnadenlos sämtliche Schläfer, ein Mahl auftischend, von dem man nicht mal zu träumen gewagt, und trunken griff man zu. Immerhin hatte man in den Stunden am Rollfeld bereits etliche Flaschen eines süßlich warmen Krimsekts und am Ende den selbstgebrannten Schnaps des Taxifahrers überlebt, mit dem Pjotr so schnell, aber eben nicht schnell genug zum Flughafen nachgekommen war – Schnaps, der uns im übrigen als Wodka angedient worden, obwohl er dann eher nach einem scharfen Rasierwasser schmeckte, wahrscheinlich nannte man alles in diesem Lande Wodka, was irgendwie Alkohol in sich barg.

Daß wir nur zögernd zu uns kommen wollten, während das Servierwägelchen näherrückte, durfte uns also nicht wundern. Einzig Pjotr, zusätzlich erschöpft von den vielen Sprüngen, die er tags zuvor über Spalten und Abgründe gesetzt, die das Leben vor ihm aufgetan, einzig Pjotr hielt weiterhin Einkehr bei sich selbst – noch wußte er nicht, daß ein Koffer der Gruppe inzwischen eigenmächtig nach Taschkent flog und erst Tage später zu seinem Besitzer zurückfinden würde –, einzig Pjotr verharrte in stiller Einkehr. Und schreckte entsprechend hoch vom Sitz, als die Reihe an ihn kam: ausgerechnet gegen den Plastikteller, den ihm die Dicke bösartig nah vor den Kopf gehalten, so daß der Hahn schreiend zu Boden flatterte.

Doch noch während sich Pjotr an den Kopf faßte, wo der versammelte Schmerz des Tages mit demjenigen der Nacht sich mischte, fast hätte er dabei die Brille von der Nase gewischt, tauchte die Dicke

behende!

nach unten, stach mit der Gabel in das für ihn bestimmte

Nachtmahl und brachte's zurück auf Höhe der Augen. *Pjotrs* Augen; und indem sie ihn fest fixierte, der seinerseits den Blick nicht vom Hahn zu lösen vermochte, drückte sie das, was von der Welt auch für ihn vorgesehen gewesen, drückte's mit dem Daumen ganz langsam herunter von den Gabelzinken, ganz langsam, drückte's zurück auf den Plastikteller, den sie weiterhin in der Linken gehalten, Pjotr wagte keine Bewegung, drückte den viertel Hahn zurück neben die Tomate. Da war's, für einen Moment, dermaßen still rundum, daß man nur das Summen der Propeller vernahm

während am Badestrand bei Jesolo ein totes Schwein, angespült von wer-weiß-wo, so lang von einer Kinderschar bestaunt wurde, bis der frechste der Knirpse – wäre er noch eine Spur mutiger gewesen, er hätte's gleich beklettert und behopst –, bis der kleinste der Knirpse entschlossen die Augen zukniff, seine Hand ausstreckte und: das Schwein berührte…

dermaßen still, daß man nur das Gefeixe rundum vernahm. Dann stand Pjotr auf, umarmte die Dicke und drückte ihr einen seiner Schlabberküsse auf die Wange. Wieder mal war die sozialistische Ordnung, wiewohl knapp, gerettet worden.

Von diesem Moment an liebten wir ihn, ob Tolpatsch, ob Schelm, ob Regimekritiker, ob Informant des KGB, er konnte machen, was er wollte. Wenige Stunden später, als man uns übern Baikalsee schipperte und dabei büchsenweise alten Kaviar andrehte; auch gegen Mittag, als man uns in einem Holzhüttendorf am Ufer ablieferte – tatsächlich querte ein Huhn den Weg, ein Schaf blökte, eine Ziege meckerte, ein Stier zeugte, ein Hund schaute; und erst recht am Nachmittag, als man uns in ein heimatkundliches Museum führte, wo's viele Mücken gab und Seehund-Embryos in Einmachgläsern (die freilich nicht mal gegen Westgeld zu erwerben waren, wie unser Gynäkologe einsehen mußte): den ganzen Tag über sahen wir Menschen, die mit nacktem Oberkörper in der Sonne lagen. Das Thermometer zeigte 27 Grad.

Fahrt in den Frühling

Sofia, März 1996

Neun Stunden dauert die Fahrt in den Frühling, und ob's danach je Sommer, Herbst oder Winter werden kann, muß bezweifelt werden – neun Stunden dauert die Fahrt und drei Tage. Zumindest wenn man sie an einem Montag beginnt, an einem zweiten März, und wenn sie dorthin führt, »wo der Balkan beginnt«. Wie's unser Abteilungsleiter zu formulieren pflegte, höchste Zeit sei's, daß man »da unten« mal wieder vorstellig werde, um »unsre Interessen zu vertreten«. Weil jedoch eine direkte Flugverbindung – und womöglich eine der Lufthansa – zu teuer kam, war ich mit dem Zug zunächst nach Berlin gefahren. Schon dort, während der einstündigen S-Bahn-Reise zum Flughafen Schönefeld, wurde die Welt von Station zu Station bulgarischer, und als ich in der Flughafenhalle endlich stand, stand da außer mir bloß die Anzeigetafel, auf der die sechzehn Flüge des Tages aufgelistet waren. Dahinter, so wähnte ich, war schon die Steppe. War statt dessen dann aber, unübersehbar, eine Frau im Pelzmantel, im Pelzminimantel, mit schwarzbestrumpften Beinen und rotgefärbten Haaren und einem schmalen langen Gesicht, einem schmalen langen Ohrgehänge.

Unwillig nur bevölkerte sich die Wartehalle, doch als der

sechzehnte Flug – verspätet – aufgerufen wurde, wuchsen sie hervor aus den Kulissen, die Frauen mit ihren Mänteln, die Männer mit ihren blauweißrot gestreiften Plastiktaschen, mit ihren Schnauzbärten, Lederjacken, dem harten Klang in der Kehle: und es ward ein Geschiebe Geschubse Gedrängel, als ob sämtliche Ansprüche auf einen Sitzplatz mit dem Präsentieren der Bordkarte verfallen würden.

Dann der Flug ins Dunkle, mit Balkan Airlines. Noch bevor die Maschine richtig abgehoben hatte, fiel die komplette Beleuchtung aus. Und blieb auch aus. Bis sie kurz vor der Landung – wo ja alles, was heiß und fettig und vielleicht Moussaka war, längst hinter oder eigentlich in uns oder, als verkleckerter Rest, beidseits der Bügelfalten lag – bis die Beleuchtung, kurz vor der Landung, wieder aufflackerte. Wie die Maschine an ihren Halteplatz holperte und im Gang erneut das Gedrängel Getrete Geschiebe einsetzte: *begriff* ich's, nach neun Stunden Fahrt, daß der Balkan begonnen hatte.

Den Abend verbrachte ich im Hotel, außerhalb des Hotels und wieder darinnen, den Abend verbrachte ich damit, einzweidrei Bier zu suchen, mit denen ich mich für überstandne Fährnisse zu lohnen und für künftige zu stärken gedachte. Nicht, daß man in Sofia Probleme gehabt hätte, einzweidrei Bier aufzutreiben. Es war nur eben so, daß man dabei immer auch einige Gratis-Gestalten *mit*aufzutreiben Gefahr lief, auf die man keine rechte Lust oder, um's ganz klar zu sagen, vor denen man derartigen Respekt hatte, daß man den Durst vergaß.

Der Durst aber ließ sich allenfalls ein paar Dutzend Schritte lang vergessen – erst lief ich stadteinwärts, auf einer altgedienten Prachtstraße, die manchmal sehr, dann überhaupt nicht beleuchtet war, linksrechts parkten kleine und große Wagen, in denen dunkle Menschen saßen. Kleine und große Wagen, aus denen sie plötzlich hervorquollen, die dunklen Menschen, in Scharen hervorquollen als schwarzgelederte Sonnenbrillenträger, als schwarzgestrumpfte Pelzmantelträgerinnen – dunkle, sehr dunkle Menschen, die in dunklen, sehr dunklen Hauseingängen verschwanden, über denen kyrillische Leuchtbuchstaben hingen oder flackernde Pfeile oder der rosa Schriftzug »Sexy Girls«.

Als ich eine Kreuzung, wohlgemerkt: eine Kreuzung mit Ampel, mit *grüner* Fußgängerampel zu queren suchte, wäre ich »um ein Haar« von einem kleinen, lichtlosen, mit Macht aus der roten Richtung herantönenden Taxi überfahren worden, hätte ich mich nicht zu einem schnellen Rückschritt entschlossen. Gern wandte ich mich in die entgegengesetzte Richtung, stadtauswärts. Meine Bemühungen endeten in einer Fußgängerunterführung, wohlgemerkt: einer *Fußgängerunterführung*, wo's an hupenden, mit laufendem Motor durcheinanderparkenden oder schrille Alarmtonfolgen durcheinandertrillernden Jaguars, BMWs, Alfa Romeos, ausnahmslos schwarz und zum Teil noch mit ihren deutschen Kennzeichen, keinen Mangel hatte. Ebensowenig an schwarzgelederten Gestalten mit weit geöffneten Hemdkrägen, an Pelzmantelfrauen mit rotgefärbten Haaren – ein großartiges Gelärme Geschiebe Getrete, alles gab mächtig Standgas, ließ die Warnblinkanlagen laufen oder ging drückte drängelte in Richtung einer lila Leuchtbuchstabenkette. Direkt darunter, vom Neonlicht beflackert, parkte ein Mercedes 600, auf dessen heruntergeklapptem Fahrersitz, offnen Mundes, einer schlief. Direkt darunter freilich auch standen fünf mit zurückgegelten, trotzdem sich an den Spitzen leicht kräuselnden Haaren, und ausnahmslos hielten sie die Arme vor der Brust verschränkt: Nein, nicht mal an *einem* der Türsteher würde ich vorbeikommen.

Zurück im Hotel, heftig in Grübeleien über all das versunken, was ich je über die Mafia gehört, gelesen oder geträumt hatte, fragte ich an der Rezeption, fuhr in den sechsten Stock, ins Restaurant –

– und ließ mich von einer Kellnerin in gebrochnem Englisch belehren, daß es hier erstens nur was zu trinken gebe, wenn man ordentlich Platz dazu nehme und was Ordentliches verspeise, daß es zweitens aber schon fast Mitternacht sei und also, drittens, fürs eine wie fürs andre zu spät. Doch die »nait barr« des Hotels, die habe mittlerweile geöffnet, eine Show gebe's dort auch und, nicht zuletzt, »naiß ledis«.

Folglich fuhr ich ins Souterrain, in einen Vorraum, der von riesigen Spiegeln beherrscht wurde und einem Handy-Herrn mit Kettchen am Handgelenk, folglich zahlte ich fünf Dollar Eintritt, was mir viel erscheinen wollte für ein Bier, und ließ mich in gebrochnem Englisch belehren, daß es dafür ja eine Show gebe und, nicht zuletzt, »naiß ledis«.

Kaum hatte ich diese letzte Hürde genommen und mich an eins der kleinen Tischchen begeben; kaum hatte ich festgestellt, daß man hier geradezu umringt war von dunklen Gestalten, daß man – lediglich ein einziges offensichtlich west- oder jedenfalls mitteleuropäisches Gesicht war auszumachen – daß man sozusagen mitten unter ihnen saß, die meist schwarze Sakkos trugen, an deren Revers rotweiße Abzeichen baumelten; kaum hatte ich festgestellt, daß einige der

»ladies« wirklich ganz »nice« aussahen, wenngleich sie ihre Pelze vertauscht hatten gegen Plateauschuhe und Satinhosen und nackte Bäuche und Wonderbras, in denen ihre bulgarischen Brüste zu bescheidnen Glücksversprechungen getürmt waren; kaum hatte ich mich den federboabekleideten Tänzerinnen zugewandt, die sich – moulinrouge-artig einander unterhakend, kreischend, die Extremitäten wechselweise in die Luft werfend – von der Bühne wie ein Naturereignis zwischen die Tischchen ergossen, um sich dort von dunklen Händen Dollarscheine an alle möglichen und unmöglichen Körperstellen stecken zu lassen: kaum hatte ich mich entschlossen, gute Miene zu machen, saß schon eine neben mir und fragte nicht etwa, sondern schob sich so nah an mich ran, daß man die Luft zwischen ihrem und meinem Mund mit einem einz'gen Schluck hätte wegtrinken können, und sagte:

»Ju wont sex.«

Nein, keine der Tänzerinnen, sondern eine der »ladies«, rote Haare hatte sie, ein schmales langes Gesicht, ein schmales langes Ohrgehänge. Und zwei Augen, mit denen sie mich dermaßen ansah, daß ich zum Bierglas greifen mußte. Noch während ich trank, rutschte sie näher, stützte sich mit gespreizten Fingern auf die Tischplatte und hauchte mir ihre englischen Vokabeln ins Ohr:

»Ju *wont* sex. Ai noo. Rruum nambr?«

Ich setzte das Bierglas ab, und weil's leer war, winkte ich schnell nach einem neuen.

»Mai näm Zlata. Ju wont.«

Da aber das neue Bier gerade mal bestellt und folglich nichts zur Hand war, mußte geantwortet werden, und ich antwortete also, sagte und sprach:

»No.«

In den Augen war Zlata schwarz; am Haaransatz, dort, wo die rote Färbung rausgewachsen, war sie schwarz; drei Viertel ihres Körpers waren mit dünnem Satin schwarz bespannt; das restliche Viertel leuchtete desto weißer, desto nackter – der Bauch, die Hände und, handbreit zwischen Schuh und Hosensaum, zwei Stückchen Bein.

»Ju wont. Ai kän fiil. Ai kän sii in jur'ais.«

Hundert Dollar koste die Stunde, *nur* hundert Dollar, und das bei einer Frau wie ihr (»Ai äm guud. Ju will laik. Ai gärrantii. Ju nevr forget«)! Ich trank, und weil ich mir wieder ein Bier bestellen mußte, bestellte ich Zlata den Whisky, den sie wollte. Als sie mir damit zuprostete, schaute sie mich mit ihren Augen so sehr an, daß ich eine Ahnung zu erlangen glaubte, was es mit dem Balkan auf sich haben mochte. Schon beugte sie sich an mein Ohr, flüsterte heiße Luft hinein:

»Ju wont sex ju wont sex ju wont...«

»No. I want beer. Zlata – *please*!«

»Oke, ju go. Tuu minit letr Ai go. Rruum nambr?«

Das ging auch noch ein weiteres Bier, einen weiteren Whisky lang so. Als ich mich endlich meines bessern Selbst versichert hatte und aufstand, um eine Rechnung von fast vierzig Dollar zu begleichen, erhob sich Zlata, wohlgemerkt: unaufgefordert, erhob sich Zlata ebenfalls, schob ihr Wesen an das meine, züngelte mir ihr »Ai äm guud. Biliiv mi. Mäk ju häppi« ins Ohr, begleitete mich, wohlgemerkt: unaufgefordert, in den Vorraum. Wo jedenfalls kein Türsteher mehr stand, sondern nurmehr – in den Spiegeln vervielfacht – Zlata: ihre langen dünnen Beine, ihre langen dünnen Hälse, ihre langen dünnen Nasen ...

»Wai ju not wont bi häppi?«

Ich drückte den Aufzugsknopf, Zlata stellte sich vor die entgegengesetzte Wand, drehte mir den Rücken zu und: blickte mich aus den Spiegeln heraus mit ihrem ganzen Körper an. Als die Aufzugstüren zur Seite schnurrten, stützte sie sich mit gespreizten Fingern gegens Spiegelglas, ging leicht in die Knie, kippte ihren Kopf in den Nacken, stöhnte mir zu. Als ich im Aufzug stand, warf sie den Kopf wieder nach vorn und öffnete die Lippen; als sich die Aufzugstüren zwischen uns schlossen, leckte sie – die Blicke immer schwarz, sehr schwarz auf meine Spiegelbilder geheftet – leckte mit ihren langen dünnen Zungen darüber hin.

In dieser Nacht schlief ich nicht. Denn! die Heizung lief, klopfend, auf Hochtouren und ließ sich nicht abstellen. Denn! durchs offne Fenster drang das Digitalgetön der Alarmanlagen, eine ewige Wiederkehr der gleichen simplen Melodien, die anscheinend schon anhoben, wenn eine Katze aufs Autodach sprang. Denn! in den Zimmern neben mir, über mir wurde weit weniger noch geschlafen, ständig schlug eine Tür ins Schloß, ständig rauschten die Wasserrohre, und wenn man das Ohr gegen die Wand preßte, konnte man sich einreden, daß es Zlata war, die sich, von der andern Seite, dagegenpreßte und stöhnte.

*

Einigermaßen unwillig und mit Gefühlen begann der nächste Morgen. Begann vor den Spiegeln, wo sonst, den Spiegeln im Souterrain. Oh Zlata, ihre Fingerspitzenabdrücke waren ausnahmslos noch da, und da war auch, vor allem, die kleine Schliere, die ja nichts weniger bedeutete als die Spur ihrer

Zunge. Am liebsten hätte ich sie abgeschleckt, die kleine Schliere, vom Spiegel runter und tief in mich reingeschleckt, kam dann aber gerade noch rechtzeitig zum Frühstück. Mit einem einzigen andern, ganz offensichtlich west- oder jedenfalls mitteleuropäischen Gast hatte ich mir ein paar übriggebliebne Brocken Schafskäse zu teilen, ein paar gefüllte Weinblätter, Oliven und Gurkenscheiben, während der Kellner bereits mit großer Gelassenheit vom hintern Ende des Buffets abräumte. In einer Schüssel mit Joghurt steckten mehrere Zigarettenstummel.

Dafür ging's im Foyer, wo ich mit meinem Übersetzer verabredet war, schon sehr zur Sache, man trug schwarze Schnurrbärte und schwarze Sakkos, von deren Revers mitunter rotweiße Wollfiguren leuchteten, und frönte offensichtlich dem Abschluß von Geschäften: rauchend, schulterklopfend, kopfnickend, händeschüttelnd. Dem Geldwechsler, der mich von der Seite ansprach, in akzentfreiem Deutsch ansprach, war ich dankbar, versichern zu dürfen, daß ich Sofia sehr schön fände; wechseln, oh ja, wollte ich dann auch. Ohnehin war der Kurs, den der Mann bot, weit günstiger als der an der Rezeption: Für hundert Mark zählte er mir hunderttausend einheimische Lewa in die Hand, nicht ohne mir dabei die Wasserzeichen zu zeigen und nicht ohne mich zu warnen vor Scheinen *ohne* Wasserzeichen, die man gewiß versuchen werde – so sei zu befürchten – mir anzudrehen. Leider mußte ich beim Nachzählen feststellen, daß er mir zu wenig ausgehändigt hatte; betrübt überprüfte der Mann die Anzahl der Scheine, entschuldigte sich mit großer Geste und legte den fehlenden, einen Tausend-Lewa-Schein obenauf. Drückte mir den ganzen Packen Papier in die Hand, warnte mich erneut und:

»Helloo. Ai'm jur tränsletr.«

Der Mann, der mich unvermittelt von der Seite angesprochen, trug ein winterfest kariertes Hemd und darüber, was sonst, ein schwarzes Sakko, an dessen Revers die gleichen rotweißen Figuren hingen, wie sie hier allem Anschein nach mächtig in Mode waren.

»Tschänsch manni?«

Ein bißchen spät sei er mit seiner Frage dran, ließ ich ihn im Hinausgehen wissen – dermaßen warm war's, als wär's bereits ein Frühlingstag, der da übern Platz flirrte in graugelben Staubwolken dahinglitzerte, und überhaupt: Hatte man mir nicht einen *deutsch*sprachigen Dolmetscher versprochen?

Woraufhin man freundlich nickte, »Tschänsch manni?«, und auch die drei Herrschaften, denen ich wenig später am Verhandlungstisch gegenübersaß – der dicke Delegationsleiter ließ mich zur Begrüßung wissen: Neinein, er habe noch nichts heute gegessen, er sehe lediglich so aus –, und auch die andern Herrschaften nickten dann einen Vormittag lang sehr freundlich, wenn einer der ihren anhob oder der Dolmetsch das, was ich ihm mit möglichst kurzen klaren Sätzen zu verstehen gegeben, in möglichst langen komplizierten Konstruktionen an sie weiterreichte. Freundlich nickend saß schließlich sogar ich, während er mir beredt beizubringen suchte, was ihm die Gegenseite in kurzen klaren Sätzen aufgetragen: über den Verfall der Buffetkultur, die Rückkehr des Tischgebets, den Durst beim Anblick einer leeren Flasche (umgekehrt proportional zum Etikett), ich mühte mich redlich, gute Miene zu machen. Ließ die Wortwolken über mich ziehen und redete mir ein (»Geschmeidig bleiben!«), daß es sich hierbei um eine Art bulgarischen Small talk handeln und schon im nächsten Moment zur Sache gehen würde – viel Zeit nahm ich mir, die Schnurrbärte der Herrschaften zu mustern, die schräg gestreiften Schlipse, die schräg gestreiften Einstecktücher, die fingerlang baumelnden Figuren am Revers. Auch das Schild an der Tür des Verhandlungsraums entging mir nicht, in fehlerfreiem Deutsch war dort zu lesen:

»Wie der bekannte Philosoph Valpolicella-Senkel sagt: Die Dinge passieren einfach, und damit hat es sich.«

Nun liebe ich alles Abwägende, trotzdem ließ ich mich kurz drauf zu einem Exkurs »Neulich im Erdbeerfeld« hinreißen, der dann übers digitale Kuchenbacken sehr schnell zu den verschiednen Computerdialekten fand. Die Übersetzung nahm nahezu fünf Minuten in Anspruch.

Zu meiner nicht geringen Überraschung nickte man eifrig. Konterte freilich mit der Feststellung, auf dem PC des Sekretariats erscheine zwar keine Erdbeertorte, regelmäßig jedoch die Fehlermeldung: »Was kann ich wissen? Was soll ich tun? Was darf ich hoffen?«

Höchste Zeit für eine Verhandlungspause.

Während in possierlich kleinen Plastikbechern Kaffee gereicht wurde, erkundigte ich mich nach den rotweißen Figuren, erfuhr, daß sie »Martenitza« genannt und am ersten März jeden Jahres ans Revers geheftet würden. Sowie man nämlich einen Storch? erblickt habe, eine Schwalbe? oder jedenfalls einen Vogel, dürfe man sie – Mann und Frau, durch einen gedrehten Wollfaden miteinander verbunden – ins nächstbeste Geäst hängen: womit, das sei ein alter Brauch, der Frühling beginne.

Wie bitte, einen Storch?

Oh, sehr praktisch!

Wie bitte, der Frühling?

Warum denn nicht?

Ja, warum nicht. Vorausgesetzt! ich hatte wenigstens das richtig verstanden. Je länger nämlich das Ganze währte – und es war warm an jenem Tag, viel wärmer, als es in Deutschland an einem dritten März sein konnte –, desto häufiger hatte ich das Gefühl, desto heftiger hatte ich das Gefühl, überhaupt nichts zu verstehen, die Sätze des Übersetzers waren dermaßen verschachtelt gebaut, daß ich vollauf damit zu tun hatte, ihre grammatikalische Struktur zu entschachteln, vollauf damit zu tun, den Sinn ihrer einzelnen Teile zu rekonstruieren, und wenn ich dann versuchte, über den Sinn des Ganzen nachzudenken, über die Botschaft, die darin verborgen sein mochte, brach bereits ein neuer Schachtelsatz an, ein neues Verschachtelungswunder, und es war warm an jenem Tag. Nicht besonders überraschend kam's daher, daß mir der Delegationsleiter am späten Nachmittag, der nähern Gesprächsumstände wie auch des »tränsletrs« in keinster Weise achtend, fest in die Augen blickte:

»Not häppi!« sagte er, und schon prasselte der Dolmetsch hinterher, es gebe Probleme, gewisse Haupt- und Nebenprobleme, deren Beseitigung haupt- bzw. nebenproblematisch und, wolle man nicht vom einen zum andern kommen und vom andern zum einen, durchaus ein Problem sei.

Wai ju not wont bi häppi? dachte ich, aber ich sagte's nicht.

Die Interessen der bulgarischen Seite, so der Dolmetsch mittlerweile, seien nun mal dahingehend gelagert, daß sie sich mit den Interessen der deutschen Seite nur insofern überschnitten, als die Möglichkeit einer etwaigen Überschneidung zwar schnittmengentheoretisch wie schnittmengenzukünftig durchaus vorhanden sei, nicht jedoch das, was nach Abzug der Schnittmengentheorie und der Schnittmengenzukunft als deren gegenwärtiger und praktischer Rest hier verhandelbar sei.

Während er sprach, nickten die drei Herrschaften des öfteren, »not häppi«, und es war warm.

Morgen sei auch noch ein Tag, versuchte ich, »unsre Interessen« zu wahren: Da könne man ja weitersehen (»Ai äm guud. Ju will laik. Ai gärrantii«). Während der Dolmetsch auf die Herrschaften einredete, dachte ich an schwarze Augen, an eine lange, furchtbar lange Zungenspitze, wie sie übern Spiegel leckte, sah auf die Uhr.

Die drei nahmen das zum Anlaß, mich zum Abendessen auszuführen: Als Vorspeise gab's Rakia, den Nationalbranntwein, mit dessen Hilfe sich bald jede Haupt- wie Nebenproblematik klärte, »jes-jes«, die den Verlauf der letzten Stunden getrübt; nach dem Verzehr einer zum Himmel stumm schreienden Henne, der man im Tode noch abschmecken konnte, welch entsagungsvolles Leben sie geführt, und, vor allem, einiger Astika-Biere schien's mir durchaus angebracht, die Herrschaften einzuladen samt »tränsletr«. In gezielter Großmutsanwandlung ließ ich den Kellner ein selbstberechnetes Trinkgeld auf den Kassenzettel setzen, das würde den Herrschaften signalisieren, daß ich's ernst meinte und morgen (»Jes-jes, Ai äm guud!«) schnittstellenpraktisch ein Ergebnis haben wollte.

Nicht vorgesehen jedoch war's, daß ich anstelle der hunderttausend Lewa, die ich mich aus meinem prallen Portemonnaie herauszupraktizieren anschickte, bloß ein Bündel

Papier zu fassen bekam: ein Bündel Papier, zurechtgeschnitten auf die Größe von Banknoten und zuoberst lediglich gedeckt durch *einen* echten, den zunächst fehlenden und nun einzig übriggebliebnen Tausend-Lewa-Schein.

»Not häppi!« lachte der Delegationsleiter, griff sich ebenjenen, meinen einzigen Lewa-Schein, hielt ihn gegens Licht und steckte ihn ein.

»Tschänsch manni?« fragte der Dolmetsch.

»Ich denke, Sie sollten sein Angebot annehmen«, entschied die zweite der Herrschaften – auf deutsch! – und ich hatte keine Kraft mehr, mich zu wundern: »Oder wollen Sie etwa sagen, daß Sie mit Ihren Kapazitäten schon am Ende sind?«

Das wollte ich natürlich nicht sagen, ganz gewiß nicht sagen; kaum war ein zweiter Hundertmarkschein gewechselt – und diesmal paßte die bulgarische Seite einschließlich des Kellners sehr genau auf, daß ich dafür wirklich was bekam, mit dem ich die Rechnung dann knapp begleichen konnte –, kaum hatte ich mich zurückgelehnt und den Versuch unternommen, über mich und die mißliche Situation und den ganzen vergangnen Tag und eigentlich auch über Bulgarien und den gesamten Balkan zu lachen, da nestelte sich der, der plötzlich Deutsch konnte, die beiden Wollfiguren vom Revers. Um sie, wohlgemerkt: unaufgefordert, an dem meinen zu befestigen.

»Gerade habe ich einen Vogel gesehen«, erklärte er, »einen seltnen Vogel.«

»Spring!« lachte der dritte, »spring!«

»Martenitza«, übersetzte der Übersetzer.

Daß ich dann ausgerechnet mit ihm, dem schnittmengentheoretischen wie -praktischen Verwalter von bulgarischen und deutschen Interessen, daß ich dann ausgerechnet mit ihm in ausgerechnet jenem Club landete, an dessen fünf Türhütern ich gestern gescheitert, überraschte mich nicht. Einige Astika später wär's ohnehin absurd gewesen, noch in die »Night Bar« zu wollen. Der Dolmetsch nickte freundlich, obwohl ich gar nichts gesagt hatte, und machte Anstalten, mein Schweigen erst in sein Englisch und gleich drauf ins Bulgarische zu übersetzen. Beiläufig ließ ich ihn wissen, ich wolle Geld von ihm kaufen, keine Lewa diesmal, sondern –

»Etwa Dollar?« unterbrach er mich in akzentfreiem Deutsch, »etwa hundert Dollar?«

Weil das keiner von uns ausreichend komisch fand, war der Abend beendet.

*

Oh, Zlata: Auch die zweite Nacht verbrachte ich hauptsächlich damit, durch meine Zimmertür und alle erdenklichen Wände hinauszulauschen ins Leben, das dort ohne mich dahinrauschte und aufkeckerte und stöhnte: Laufend klopfte man an Türen, laufend schepperte irgendwo das Telephon los – es war schwer in diesen drei Tagen, zur Ruhe zu kommen. Und wenn ich nicht an schwarzen Satin und weiße Haut dachte, dann dachte ich an den dicken Delegationsleiter und daß ich ihm mit den Worten: Dochdoch-ich-habe-getrunken-und-ich-sehe-ja-wohl-hoffentlich-entsprechend-aus? daß ich ihm diesmal gleich bei der Begrüßung allen Wind aus den Segeln nehmen würde.

Oh, Zlata: Auch den zweiten Morgen begann ich, leicht verspätet, im Souterrain und mit der Feststellung, daß sie weggewischt war, die Spur ihrer Zunge. Weggewischt! Hatte ich etwa was zu bereuen, hatte ich nicht nur gestern, sondern bereits vorgestern Fehler gemacht? Im Frühstückssalon nickte mir, keinesfalls grinsend, dieser andre, dieser offensichtlich west- oder jedenfalls mitteleuropäische Gast zu, während er gerade heftig, die letzte Tüte Orangensaft mit beiden Händen zerknautschend, auf den Kellner einredete. Der ungerührt fortfuhr, das Buffet abzuräumen. Auf dem Teller mit den Tomatensegmenten lag ein schwarzer Plastikkamm.

Wie ich noch bestrebt war, unter Zigarettenschachteln nach Eßbarem zu wühlen, rief man mich ans Telephon und eine Stimme teilte mir auf deutsch mit, wohlgemerkt: auf deutsch, daß der Dolmetsch heute unpäßlich und folglich unser zweiter Verhandlungstag zu verschieben sei. Auf meinen Einwand, der Dolmetsch sei ja wohl ohnehin überflüssig und verschoben werden könne hier nichts, schließlich würde ich morgen abreisen, auf den Versuch meines Einwands teilte mir die Stimme mit, das sei ihr bekannt. Ein Fahrer des Goethe-Instituts werde mich rechtzeitig vom Hotel abholen – mich und einen Germanisten, der ebenfalls morgen zurückfliege.

Als ich mir an der Rezeption einen dicken Packen Papier eingetauscht hatte – Lewa samt Wasserzeichen, Dollars samt Wasserzeichen –, beschloß ich, für die verbleibenden vierundzwanzig Stunden wenn schon nicht unsre, so wenigstens meine eignen »Interessen« zu wahren. Ließ mich die Pracht- und dann die Nebenstraßen entlangtreiben, und während ich am Vormittag noch drüber staunte, daß es im Geschiebe Gedrängel Geschubse der Märkte nicht etwa nur kettenweise Knoblauch zu erstehen gab, von Hutzelweiblein erhobnen Armes den Vorbeiströmenden entgegengehalten, sondern alle Art Westware, zum Teil mit den original deutschen Preisschildern versehen, dazwischen auch mal Pistolen, Alarmanlagen oder, in Schuhschachteln alphabetisch sortiert, Raubpressungen von CDs –, während ich vormittags noch staunte und vor jedem Taxi zur Seite sprang, das Jagd auf mich machte, so saß ich nachmittags bereits in einem der vielen Cafés, ohne mich weiter zu wundern, was dessen kyrillische Leuchtbuchstaben bedeuten mochten. Saß und sah dem geigenden Greis zu, um den sich draußen, auf dem Gehsteig, niemand scherte, sah dem wühlenden Greis zu, der sich auf der gegenüberliegenden Straßenseite sehr gründlich durch die Aschentonnen arbeitete, sah den rotgefärbten Frauen hinterher, die in ihren Pelzmänteln jedem deutlich zu machen verstanden, was man an ihnen versäumte. Als ich vor einem – aber da hatte ich die graugelben Fassaden, den graugelben Staub, die mühselig befunzelten Hinterstübchen dieses Stadtteils längst gegen eine geschäftigere Gegend eingetauscht, wo's Grabbeltische gab mit bulgarisch-deutschen, deutsch-bulgarischen Lexika und dazwischen Kellerfensteröffnungen, aus denen Parfumflakons, Whiskyflaschen, Zigarettenstangen auf den Bürgersteig hervorquollen und für Zusammenrottungen sorgten, Zusammenrottungen dunkler und sehr dunkler Menschen, die mit ihren blauweißrot gestreiften Plastiktaschen sogar die Trambahngleise besetzt hielten und sich durchs Gebimmel der wartenden Tram nicht davon abbringen ließen, erst recht nicht durchs Gehupe der schwarzen Luxuslimousinen, durchs Digitalgetön der Alarmanlagen, die man, so schien's, zum Zeitvertreib immer dann abspielte, wenn man mindestens zu viert fünft sechst in einem Wagen saß – wo war ich stehengeblieben? An einem Taxistand, denn Sofias Hausberg hatte man mir gerühmt, ein Ausflugslokal auf dem Hausberg, gleich neben dem Fernsehmast: Von dort lasse sich bequem ein Blick auf die ganze Stadt werfen und also ein Überblick gewinnen.

Das bestätigte der Taxifahrer, fuhr mich zwei Straßenecken weiter, schaltete den Taxameter ab und forderte – auf deutsch – einen Pauschalpreis von zwanzig Dollar. Neinein, mit Lewa wisse man hier nichts anzufangen; als ich ihm fünfzehn Dollar anbot, schlug er derart schnell ein und stieß derart langanhaltend Laute der Freude aus, daß er mir den Tag beinah verdorben hätte. Oben angekommen stellte sich heraus, daß das einstige Ausflugslokal inzwischen eine Baustelle war, daß es von Sofia nichts weiter zu sehen gab als eine graugelbe Dunstglocke, die bis an die umliegenden Berghänge reichte, daß es, mit Macht bereits herunterdämmernd, gleich Nacht werden und der Rückweg demzufolge dreißig Dollar kosten würde.

Weil der Taxifahrer selbstredend weder amerikanisches noch deutsches noch sonstwelches Wechselgeld auftreiben wollte, meinen Fünfzigdollarschein für Hin- und Rückfahrt freilich schon mit fester Taxifahrerhand ergriffen und eingesteckt hatte, handelte ich ihm wenigstens die Cassette ab, die er während des ganzen Auf & Ab gespielt und die mir so recht sackpfeifenfidelflötenmäßig bulgarisch, um nicht zu sagen: balkanös geklungen. Sofort willigte der Fahrer ein, tauschte die Cassette indessen – ohne jedwede Anwandlung, sein Tun zu rechtfertigen oder gar zu verbergen – gegen eine andre aus, die er *nicht* gespielt hatte, und als er wieder begann, meine Schulter zu beklopfen und langgedehnte Laute der Freude abzusondern, stieg ich aus. Entschlossen zu was immer schob ich die Cassette in die Sakkotasche und ging ins Hotel.

Als sie mich die »Night Bar« betreten sah, Zlata, prostete sie mir mit ihrem Whiskyglas zu, widmete sich jedoch gleich wieder ihrem Gesprächspartner, einem breiten schwarzen Rücken. Ich bestellte ein Astika, ließ mich von einer andern »nice lady« (»Mai näm Zveta. Ju wont. Ai noo«) darüber aufklären, daß es der Diskjockey gewiß ablehnen würde, meine Cassette zu spielen – die dritte Lektion eines deutschen Sprachkurses. Weil ich das auch beim nächsten Astika nicht glaubte, durfte sie mir die Beschriftung der Cassette Wort für Wort übersetzen.

Daß währenddessen eine Bauchtänzerin durch die Tischreihen und, unter vielerlei Gepfeife Gejohle Gegröhl, auf einen Tisch hinauftanzte und sich dabei an allerlei mögliche und unmögliche Stellen ihres bauchtanzenden Körpers Dollarscheine stecken ließ, störte mich nicht. Wohl aber, daß mir Zlata bestenfalls mal versteckt zublinzelte oder -prostete, anstatt endlich herbeizuschweben und ihren Zauberspruch zu hauchen:

»Ju go. Tuu minit letr Ai go. Mäk ju häppi.«

Den zweiten Whisky spendierte ich nur unter der Auflage, mein Feuerzeug, das die beharrlich anwesende Zveta schon eine geraume Zeit benutzt, begehrt und schließlich in ihre Handtasche gepackt hatte, dort wieder herauszukramen und, mitsamt dem Whisky, zu verschwinden. Zlata, nicht Zveta! Was sie da nur die ganze Zeit über zu besprechen und zu bekichern hatte, Zlata, manchmal beugte sie sich vor Lachen hintüber, manchmal verdrehte sie die Augen, als habe sie's mit einem entsetzlich langweiligen, aber eben zahlungswilligen Kerl zu tun, als warte sie nur auf die erstbeste Gelegenheit, ihn sitzenzulassen und sich zu mir zu begeben:

»Mäk ju häppi. Ai gärrantii. Ju nevr forget.«

Oh Zlata, warum läßt du mich so lange –

– warum hast du mich so lange warten lassen? Gerade war's mir noch gelungen, der Barfrau ein allerletztes Astika abzuhandeln, da durfte ich, an meinen Platz zurückgekehrt, durfte feststellen, daß Zlatas hartnäckiger Galan die Gunst der Sekunden genutzt und sich, endlich, in Luft aufgelöst hatte. Während Zlata selbst? auf direktem Wege mein Tischchen ansteuerte, wer sagt's denn, ohne weitere Umstände an meinem Tischchen zum Halten kam, na also, ein wenig in die Knie ging und – jawohl! – mit ihren langen knochigen Fingern an meinem Revers herumtippte:

»No börd?« sagte sie, »no spring?«

»Martenitza«, sagte ich, und für die Dauer dieses Wortes glaubte ich, daß der Frühling jetzt wirklich losbrechen würde.

Zlata hatte, sehr schwarz, hatte Augen. Zlata hatte, sehr weiß und sehr schmal, eine Nase. Zlata hatte, sehr rot, hatte Haare.

»Ich mus gähen«, erklärte sie auf deutsch; nach zwei, drei Schritten drehte sie sich noch mal zu mir um: »Du *bist* abr'auch blödd.«

*

In jener Nacht klopfte's an die Türen aller benachbarten Zimmer, links von mir, rechts von mir, drunter & drüber, in jener Nacht klopfte's gegen jede Wand, man konnte sich, »not häppi«, glatt was vorstellen dazu. Das einzige, was für mich klopfte, war die Heizung. Ich bemühte mich, an andre »nice ladies« zu denken, an die von der Copacabana, die den Samba angeblich nicht nur tanzten, sondern auch lachten, redeten, küßten, wie mir mal irgendwer vorgeschwärmt hatte, versuchte, an die »nice ladies« in Pat Pong zu denken, die – aber von denen hatte mir noch niemand vorgeschwärmt, also dachte ich an Zlata. Genau genommen: an Zlata, wie sie vor dem Spiegel stand und ... wie ihr der Delegationsleiter in fließendem Deutsch, sogar vor dem Konjunktiv scheute er nicht zurück, mein »Neulich im Erdbeerfeld« vortrug ...... und wie sie beide vor Lachen nicht an sich halten konnten oder .... hatte ich das lediglich geträumt?

Spät fand ich mich im Frühstückssaal ein. Wo dieser west- oder jedenfalls mitteleuropäische Gast schon auf mich wartete – heute habe er rein gar nichts mehr auf dem Buffet gefunden außer Aschenbechern, leeren Flaschen und einem Damenschuh –, um mir gleich ohne Umschweife seine Geschichte zu erzählen. Die der meinen überraschend ähnelte. Allerdings hatte er, der Germanist, anstelle der zunächst umständlich vorgezählten Tausend- und Zehntausend-Lewa-Scheine Stunden später nicht bloß Papier, sondern wenigstens ein paar Hunderter in Händen gehalten; allerdings hatte er, gestern morgen, Zlatas Spiegelspuren sorgfältig in sein Taschentuch hineingewischt. Sein Vortrag dagegen schien noch grotesker abgelaufen zu sein als meine Verhandlungen, jedenfalls konnte er nicht ablassen, davon zu künden:

Die Fragen der bulgarischen Kollegen, die ihm *anschließend* gestellt worden – und die Simultanübersetzerin scheine ihm bei der ganzen Angelegenheit keine geringe Rolle gespielt zu haben, vor allem ihr gleichförmig desinteressierter Tonfall, der jedes Satzgebilde sofort ins Beliebige zerlaufen ließ, ins aussichtslos Endlose, habe ihm ernste Verständnisprobleme bereitet, um nicht zu sagen: habe jedes Verständnis schon im Ansatz verhindert –, der *Satzbau* der bulgarischen Kollegen sei beim besten Willen nicht zu entschachteln gewesen. Worauf er's ihnen heimgezahlt habe, den Kollegen, heimgezahlt in ebenso absurd verschachtelten Antworten, ungeniert habe er über die Herausgeberfiktion bei »Momo faber« improvisiert, habe sich übergangslos der Frage »Wo sind die sympathischen Frauen in der Literaturgeschichte?« gestellt, die Übersetzung sei sehr lang ausgefallen. Zu seiner Überraschung habe man dabei eifrig genickt. Und die nächste Frage gestellt.

»Je länger ich nämlich geantwortet habe«, erzählte er, doch da saßen wir schon mit meinem Koffer und seiner blauweißrot gestreiften Plastiktasche vor dem Hotel und warteten, bei strahlender Nachmittagssonne, warteten auf das Fahrzeug, das uns angekündigt worden, oder eigentlich darauf, daß man's bei der Ankündigung belassen würde, saßen auf den Treppenstufen eines Reiterstandbilds und schwitzen in unsre Sakkos, »je länger ich nämlich geantwortet habe«, schüttelte der Germanist den Kopf, und hinter den prachtvoll heruntergekommnen Fassaden von Uni und Parlament schimmerte, ich war mir sicher, schimmerte die Steppe in all ihrer staubigen Schönheit, »desto länger haben die zurückgefragt!« Fast habe er am Ende die Hoffnung gehegt, daß die bulgarischen Kollegen mit seinen Antworten genausowenig anzufangen wußten wie er mit ihren Fragen, jedenfalls seien diese, die Fragen, schließlich zu dermaßnem Umfang angeschwollen, daß der Moderator gebeten habe, sie auf siebeneinhalb Minuten zu beschränken.

Naja, wurde der Germanist plötzlich versöhnlich und

strich mit Daumen & Zeigefinger an den Wollfiguren hinab, die auch ihm vom Revers hingen: Bisweilen zeige sich Bulgarien, zum Glück, von einer ganz andern Seite, vorausgesetzt man sei bereit, ein paar Dollars dafür zu investieren.

»*Hundert* Dollar?« entfuhr's mir, übers Kopfsteinpflaster schlenderten schwarze Menschen, und die Sonne schien so stark, daß sie fast harmlos wirkten. Hinter einer Gruppe von Bäumen, deren kahle Silhouetten in einem graugelben Himmel herumgriffen, schimmerte – zuallermindest! – die Steppe in ihrer staubigen Schönheit.

»*Hundert*«, bestätigte der Germanist: Was ja wohl mehr als angemessen sei, nicht wahr?

Weit mehr! beteuerte ich, während ich auf seinen schwarzen zahlungskräftigen Rücken starrte, und jählings wußte ich, daß in Sofia nicht etwa der Balkan *begann*, sondern bereits wieder *endete*, und daß, was hier begann, schon etwas ganz andres sein mußte, das wilde Kurdistan vielleicht Kasachstan vielleicht Kirgisien. Und daß es definitiv zu spät jetzt war, das zu begreifen. Unter der Gruppe an Bäumen, aus deren Silhouette der Versuch eines Gezwitschers hervortönte, parkte ein Auto, ein völlig von Staub überkrustetes Auto, und einer der Menschen, die gerade noch ganz harmlos übers Kopfsteinpflaster spaziert waren, stand schwarz und schief vor der Fahrertür und machte sich zu schaffen.

»Naiß ledis, naiß ledis«, äffte der Germanist den Tonfall des Türhüters nach: Wenn er nur dran denke, was die schon alles mit 'nem Spiegel anzustellen wüßten, puh, da sei's ja dann eigentlich kein Wunder, daß sie –

»Zlata?« fiel ich ihm ins Wort, »sprechen Sie etwa von –«

Der Mensch am andern Ende des Platzes schlug wütend

auf das Dach des Autos, die Alarmanlage jaulte los, und aus dem Geäst der Bäume erhob sich, unter Protest, eine Handvoll kleiner schwarzer Vögel, sicher keine Störche, vermutlich nicht mal Schwalben.

»Na na«, beschwichtigte der Germanist, und die Alarmanlage hörte wieder auf. Oh ja, der Himmel war graugelb, schon schritt ich, wohlgemerkt: unaufgefordert, schritt darunter hin.

»Zlata?« hörte ich den Germanisten halblaut vor sich hin murmeln, »hieß die nicht Zleta? Oder Zvata? Oder ...«, während ich möglichst große, federnde Schritte machte, quer übern Platz, und meine Interessen vertrat. Indem ich den untersten Ast des Baumes, der übers völlig verkrustete Auto ragte, indem ich den untersten Ast noch ein Stück tiefer zog, war's plötzlich so still, kein Vogelschlag, daß man die Sonne sirren hörte

während im kleinsten indonesischen Kaff, kaum hatte er einen arglos schlendernden Touristen herbeigewunken, dem Schulfest beizuwohnen, kaum hatte er ihn mit einem Ehrenplatz und einer Dose warmer Limo versorgt: der Direktor seine versammelten Schüler um Applaus bat, ihr Gast werde nun eine Festansprache halten ...

so still, daß man den Staub hörte, wie er graugelb über der Stadt knisterte. In diesem Moment, oh ja, in diesem kleinen kostbaren Moment, als ausnahmsweise alles schwieg, hängte ich meine Martenitza an den Ast. Der Frühling war da.

Safari mit Paul

Bujumbura, Dezember 1993

»Ey, der Neger, der is ja nich grad scharf drauf, n Finger zuviel krummzumachen. Bloß am Samstach aamd, da bricht bei dem die Hektik aus, weil da muß-a seine Sonntagstrommel poliern. Und habt-a eingtlich schon kapiert, warum die uns dauernd vom Straßenrand zuwinken? Weil-se uns zeigen wolln, daß-se wenigstns weiße Handflächen ham. Hä?«

Zugegeben, während der ersten Tage unsrer Tour nahm Paul sein Maul nicht halb so voll. Schwieg sich vielmehr aus, schwitzte und stank, kratzte an seinen verschiednen Pickeln, wohl auch, zur vollen Stunde, zwischen den Beinen und schob Bonbons in seinen gedunsnen Leib. Oh, Paul:

»Der Neger, ey, der is ja scharf auf alles, was glitzert oder n Dollarzeichen drauf hat oder orntlich Lärm macht. Am Sonntag mittag, ey, da pflückt-a sich n Affen vom Baum und ...«

... wie gesagt, *noch* behielt er seine bierernsten Weltweisheiten für sich, saß als verpickelter Riese, rothaarig, sommersprossig, samt gehäkeltem Sonnenhütchen und Warze im Mundwinkel. Alles an ihm war ein paar Nummern zu dick geraten, der Siegelring, die Tätowierung am linken Unterarm, die Füße, die in blaurotgrünen Turnschuhen hausten, der Bauch, der sich von einem sehr tief hängenden Hosenbund bis zu den Brustwarzen wölbte. Viel afrikanisches Getier bevölkerte seine T-Shirts, vorzugsweise Raubkatzen, großzügig koloriert.

Am ersten Tag also schwieg er, schwitzte, stank. Holte sich verquälte Rülpser aus der fernsten Falte seines Innenlebens und beanspruchte drei Plätze, zwei für sich selber und einen für seine sockenlos ins Blaue, Rote, Grüne fahrenden Füße. Abends schlugen wir unser Camp im offnen Gelände auf, an die hundert Kilometer nördlich von Nairobi, und achteten seiner nicht weiter – wer hätte vor Antritt der Reise auch geahnt, daß eine ordentliche Savanne aus Himmel hauptsächlich besteht, aus Himmel und reichlich Wolke? Die schwer herunterhängt auf die rote Erde, auf die vereinzelt emporfächernden Schirmakazien, die dornbewehrten Büsche, für die wir keinen Namen wußten. Im weiteren Verlauf der Nacht aber unterhielt uns der Dschungel: paukte trompetete bratschte geigte rasselte und pikkoloflötete was das Zeug hielt, das konnte heiter werden.

Am nächsten Morgen indessen, der Wechselrede pflegend, hatten wir die nächtliche Geräuschkulisse schnell wieder reduziert aufs Wesentliche, aufs voluminöse Geschnarche, das aus Pauls Zelt erklungen, nein, nichts andres wollte man vernommen haben die ganze Nacht. Während sich Paul selbst, scheinheilig eine Scheibe Brot überm Feuer bräunend, aus unsern Vermutungen heraushielt und stank. Doch davon ließen wir uns nicht täuschen.

Schon in der nächsten Nacht, die Gruppe kannte kein Pardon, wurde Paul aus unsrer Mitte und dazu verbannt, im Lkw zu schnarchen, auf einer der schmalen Sitzbänke und von

Moskitos überwimmelt, die durch das Licht – oje, Paul! Warum dachte er nicht dran, die Deckenleuchten auszulöschen, als er in aller Umständlichkeit an sich herumzunesteln anhob, warum bedachte er nicht, daß man durch die transparenten Teile der Wagenplane, sozusagen ihre Fenster, ebensogut hinaus- wie hineinschauen konnte, warum präsentierte er seine bleich jeder Bewegung hinterherwappende Wampe einer breiteren Öffentlichkeit? Höchstbefriedigt ob Pauls stummer Einsicht in den Gruppenzwang waren wir nämlich noch eine gute Weile damit beschäftigt, ein bescheidnes Lagerfeuer unterhaltend, uns der Eindrücke des Tages zu versichern, eines Tages voller strohgedeckter Rundhütten, rippiger Rinder mit riesig ausladendem Gehörn und hageren Hirten in hauteng leuchtenden Tüchern, sogar Nilpferde waren von fern zu besichtigen gewesen, Krokodile. Und jetzt auch noch, kein schöner Anblick, als unverhoffte Dreingabe dieser – dieser – oje, Paul, selbst am Rücken sprossen ihm die Pickel.

Ja, wir alle hatten ihm zugesehen, notgedrungnerweise, wie er seinen weißen Körper zur Nachtruhe gerüstet. Und wie er, wenig später, im Lkw hin & her geschnürt, hin & her, eine Raubkatze im Käfig, bloß nicht annähernd so leise, wie er die Tür berüttelt, deren oberen Teil er zwar sofort, deren unteren, die hochgeklappte Ladeluke mit der Treppe, hingegen überhaupt nicht aufbekommen, oh ja, schließlich hatte er »über die Reling« gepinkelt, sozusagen übers Treppengeländer. Wie zwar nicht mehr zu sehen, umso deutlicher jedoch zu hören gewesen und, jedenfalls behaupteten das einige, auch zu riechen.

Worüber wir den folgenden Tag die Nasen rümpfen konnten: »wir«, die schweigende, die tuschelnde Mehrheit, eine vom Zufall zusammengebuchte Gruppe mit einem Milbertshofener Safarifürsten als offiziell über uns verhängten Reiseleiter, »wir«, eine pensionierte Dozentin in beigefarbner, cremefarbner, lachsrosaroter Distinguiertheit, sie verströmte ein schweres Herrenrasierwasser und ständig ermahnte sie Paul, nicht »Neger« zu den Schwarzen zu sagen (wogegen uns die Schwarzen beharrlich versicherten, sie seien gar nicht schwarz, »mi no bleck, mi nigro!«), »wir«, eine ökologisch korrekte Gesundheitsschlappenträgerin, ein Oberstudienrat mit enorm praller Umhängetasche voller Objektive, eine Urologengattin und ein Abteilungsleiter und ein – aber das war doch völlig unwichtig! Was von Anfang an zählte auf unsrer sechswöchigen Rundreise um den Viktoriasee, war Paul. War Paul aus Garbsen, wie wir vom Begrüßungsabend wußten, war Paul, der sich in den Nationalparks beflissen über die Reling hängte – tagsüber wurde die Wagenplane bis zum Dach hochgerollt – und schmatzendes Geschnalze von sich gab, sobald größeres Getier im Gras herumstand. Paul, der ansonsten meist vor sich hin schnorchelte mit weit geöffnetem Mund, denn nachts, so eine seiner raren Randbemerkungen, lag er mit Vorliebe wach und hörte Löwen brüllen: ganz in der Nähe –

Aber hier gibt's doch gar keine Löwen!

– pflückten sie sich in seinen Träumen wahrscheinlich den einen oder andern Neger vom Baum.

Oh, wir erhitzten uns. Beratschlagten. Erzeugten feindseliges Geflüster. Das Paul dreist verpennte, offnen Mundes, wie auch all die aufjohlenden, aufhüpfenden Kinder, die unserm Lkw zuwinkten, all die Frauen, die buntbetuchte Ballen auf dem Kopf balancierten, all die Männer, die am Straßenrand lagen und uns mit ihren Bierflaschen zuprosteten. Selbst daß wir eines Mittags beim Zubereiten der belegten Standardschnittchen von einem Rudel Paviane angegriffen wurden – fünfzehn Mann stark verteidigten wir unsre Bananenvorräte, mit Stecken, Spaten und sonstigem Schlagwerk bewaffnet –, verschnarchte er auf seinen drei Stammplätzen; erst als wir verloren hatten und der größte Pavian, unter Absonderung eines aufgeregten Triumphgebells, zwischen uns hindurch- und ebenso schnell wieder zurückgaloppiert war, stand Paul am Pritschenrand und schnippte fragend mit den Fingern.

Auch wir andern freilich hatten in diesen ersten Tagen der Tour kein rechtes Auge für Afrika, für die Tausende und Abertausende von Flüchtlingen am Straßenrand, hatten keinen Sinn dafür, daß knapp neben den Touristenrouten Hunger herrschte und Verzweiflung, daß den Menschen fast nichts hier übriggeblieben war als Musik und allfälliges Beckenkreisen; hatten kein Ohr für den Schrei der Elefanten, wenn sie den Fluß durchqueren, für das heisere Geknarze der Nilpferde, wenn sie im Schutz der Dunkelheit an Land kommen; wir konnten uns einfach noch nicht recht konzentrieren auf all die Warzenschweine und Hyänen, die Gazellen, Kormorane, Kronenkraniche. Konzentrierten uns erst mal auf Paul, das afrikanische Drumherum war ja halbwegs so, wie wir's von Dia-Abenden und Reiseprospekten schon immer zu kennen glaubten – Hirten mit Herden, Herden mit Hirten, ein riesiger Himmel. Versuchte man, ihn nachts zu betrachten, wußte man vor lauter fremden Sternen ohnehin nicht, wo man beginnen sollte.

Paul hingegen konzentrierte sich auf die unbestreitbare

Tatsache, daß kein Löwe sich zeigen wollte. Obwohl er ihn doch fest mitgebucht hatte und allnächtlich auch erlauschte, wie er sich, aufstöhnend bei jedem Schritt, zum nahegelegnen Wasserloch schleppte, kein einziger Löwe, dessen erhoffter Anblick ihm schließlich den Grund zu dieser Fahrt abgegeben. Worüber in kurz herausgebellten Sätzen zu berichten er niemandem ersparen konnte, mahnend schnalzte er mit den Fingern und trotzte dem Safarifürsten, »wenigstens ne Löwin, Mann, wenn-de schon kein orntlichen Löwen auftreiben kannst!«, trotzte ihm Ausflüchte ab.

Während er den Rest der Tage bloß pro forma abreiste, auf unserm mit Ersatzreifen, Wasserkanistern, Micropurtabletten und sterilen Spritzen hochgerüsteten Lkw, sich weder um die kleinen Jungs scherte, die uns bei jedem Halt mit Erdnußtütchen und Selbstgeschnitztem bedrängten, noch um die größern Jungs, die hier bereits als alte Herren galten und uns mit ihrem immergleichen »When häf ju bin seefd?« ganz schön auf die Nerven gingen. Keine Frage, Paul ließ sich von nichts aus der Ruhe bringen und machte als einziger von uns tatsächlich Urlaub: flezte in der Ecke und stierte vor sich hin, rülpste, schwitzte, stank. Litt er unter der Morgenkälte? der Mittagshitze? dem Nachmittagsregen? War er betrübt? Oder bloß betrunken?

Ziemlich bald hatte er nämlich herausgefunden, daß sich hinter all den »New Life Bars« und »New Survival Hotels« am Wegesrand stets dasselbe verbarg: eine dämmrige bis düstere Bretterbude, bereits an Vormittagen überfüllt, in der ein einziges Getränk ausgeschenkt wurde, lauwarmes schaumloses Tusker oder Zambesi oder Nile Special. Bei jedem Stop, den wir einlegten, um Feuerholz zu erfeilschen, frisches Gemüse, Büchsenfisch, Benzin, fand Paul an der nächsten Ecke sein »Half London Guest House« oder sein »Mandela Resort«; lediglich einmal – aber da waren wir schon inmitten der Sinuskurvenlandschaften Ugandas – tapste er aus Versehen in einen »Condom Sale Point«, wo er zu unser aller Überraschung dann freilich gute Miene machte und Ware erwarb. Um sie, kaum daß wir uns wieder auf den Pritschen plaziert und das Zeichen zur Weiterfahrt ans Führerhaus geklopft hatten, um sie, kaum daß wir vielleicht ein erstes Fünkchen Sympathie für ihn empfinden wollten, um sie uns zuzuwerfen wie Zuckerwerk im Karneval:

»Der Neger, ey, der steht ebn auf alles, was bunt is und was gute Laune macht. Wenn du ihm ne Frage auf n Schädel trommelst – klar, ey, des klingt ganz schön dumpf –, dann fällt-a dir von eim Schlag zum nächsten in Trance, aber hallo, dann nickt-a dir zu allem Ja & Amen, dann will-a mit dir –«

»Das heißt doch heute eher ›Schwarzer‹, oder?« wandte die Dozentin leicht pikiert ein und bezupfte ihre Baskenmütze.

Oh, Paul. Als er entdeckte, daß es selbst hier, am dunkelsten Fleck des Kontinents, das Bier in der Flasche zu kaufen gab und die Flaschen in Kästen, wie er's von Garbsen her gewöhnt war, wurde er regelrecht emsig: ernannte sich eigenmächtig zum »Bier-Boß«, kratzte sich voller Pflichtgefühl – er, der sich geschickt bislang vor jedem Wasserholen, Feuermachen, Zwiebelhacken, Tellerspülen gedrückt hatte –, kratzte sich voller Vorfreude an seiner Warze im Mundwinkel, wohl auch, zur vollen Stunde, zwischen den Schenkeln, unsern nächsten Haltepunkt erwartend. Setzte sich in rudernde Bewegung, sobald wir ihn erreicht hatten, blicklos vorbei an den Leprakranken, die den Rest ihrer Leiber am Straßenrand verlümmelten, hinweg über die beinlosen Bettler, die sogleich hinter ihm herrutschten, was durchaus eine eigne Komik hatte, und entdeckte sein »Happy Day Café«: wo er uns mit Lion oder Castle oder dem 7%igen Chairman Extra Special Brew versorgte. Daß er dessen Löwenanteil dann zielstrebig selber niedermachte, unter Absonderung einiger Derbheiten, die der wechselnden Qualität des Flascheninhalts galten; daß ihm der Kopf dann immer recht zügig nach vorn kippte oder nach hinten, wobei sich sein Unterkiefer vom restlichen Gesicht löste und einen gleichmäßigen Baß herausrasseln ließ; ja daß er bald fast durchgehend schlief, wenn er nicht gerade seinen Pegel nachbesserte, und komplette Nationalparks mit all ihren Kaffernbüffeln verschwitzte, ihren hektisch hin & her hastenden Antilopenherden und den gelangweilt dazu gähnenden Geparden: das ließ ihn, vor dessen rüpelhafter Direktheit manch einer vielleicht gar uneingestanden Angst gehabt, das ließ ihn, den man nicht zuletzt deshalb gemieden, weil man ihm jede unverhoffte Handgreiflichkeit zugetraut hatte, das ließ ihn binnen weniger Tage zum harmlos verpickelten Trinker schrumpfen. Über den man ungestraft die wildesten Spekulationen anstellen durfte.

Denn – aber da fuhren wir ganz sicher noch durch Uganda – denn, nicht länger zu leugnen, der Mensch mit der wulstigen Nackenfalte, dem kleinen Kinn, dem rotblond hervorstoppelnden Bart und der Vorliebe für verschmuddelte T-Shirts, der Mensch, der sich ungeniert mit der Hand aus den Reisschüsseln bediente, den Rühreischüsseln, und selbst größere Geschäfte dann einfach an der erdabgewandten Seite unsres Lkws erledigte –, dieser Mensch, den wir anfangs allenfalls heimlich im Auge behalten und hinter erhobner

Hand bezischelt hatten, der interessierte uns jetzt ganz offiziell. Wie alt würde er sich ausgeben? Womit wollte einer wie er wohl sein Geld verdienen? seine Freizeit sich vertreiben?

Also fragten wir ihn, nach einem Tag mit viel paradiesischem Elend und mannshoch getürmten Termitenhaufen beidseits der Piste, mit Kaffee- und Zuckerrohrplantagen vor einem dunkelgrün gehügelten Schachbrett an Teefeldern, also fragte man ihn: am abendlichen Lagerfeuer, mitten auf einem Fußballfeld, umlagert von knochigen Kühen und vielstimmigen Kleinkinderhorden, die auf Kugelschreiber und Speisereste warteten. Innerhalb kürzester Zeit wußten wir von Paul – 36 Jahre, ledig, na klar, Besitzer einer Katzenboutique, na so was – wußten wir, was wir wissen wollten. Über Tiere konnte er, je größer sie ausfielen, desto Abseitigeres berichten: Drei durchgeschwitzte Straßenkarten, die unsrer Aufmerksamkeit bislang entgangen waren, holte er aus seinem Rucksack und dazu einen detaillierten Routenplan samt Zeitangaben, denn für die Nationalparks, ließ er uns wissen und seine leere Flasche ins Gebüsch springen, für die *wirklich* wichtigen Nationalparks, ließ er uns wissen und beide Zeigefinger über die Landkarten wischen, für die wolle er gerüstet sein. Vor allem für die Serengeti, aah, das Löwenland, wobei er sich an der Warze kratzte, im Schritt kratzte und mit seinem Siegelring auf verschiednen tansanischen Ortsnamen herumklopfte. Ob wir das Brüllen gehört hätten gestern nacht, das –

Aber Paul, du mußt dich gedulden! Hier gibt's gar keine –

»Und obs die gibt. Kennt ihr *den* schon: Warum verrennt ma sich in Kampala noch häufiger als in Nairobi? Weil ma überall, wos wie n Tunnel ausschaut, in nen Haufen Neger reinrumpelt, deshalb. Möcht ma wissen, ey, wiesos hier plötzlich soviel von denen –«

»Es heißt ›Schwarzer‹«, rügte die Dozentin leicht indigniert, indem sie ihr welkendes Fleisch mit verschiednen feuchtigkeitsspendenden Nachtcremes bedachte.

»Weil die alle aus Ruanda geflohen sind«, antwortete der Safarifürst: »Da ham-se sich doch grade mal wieder abgemurkst.«

Womit dieser Tag beendet war, denn der Hutus und der Tutsi wegen, die sich hinter den afrikanischen Kulissen unsrer Tour gegenseitig niedermetzelten, wollten wir uns wirklich nicht die Stimmung verderben. Seit jenem Abend jedoch, das fiel uns schlagartig auf, wurde Paul, der sich bislang auf knapp herausgebellte Kernsätze beschränkt hatte und forderndes Fingerschnippen, wurde Paul regelrecht redselig, nahezu geschwätzig, sonderte ungefragt Kommentare ab und kernigen Humor, seit jenem Abend wurde Paul geschäftig. Nicht nur, daß er in seiner Funktion als »Bier-Boß« Helfer anwarb und Helfershelfer, die ihm die Kästen schleppten, nicht nur, daß er sich einen Sonnenbrand zuzulegen beschloß und, kein schöner Anblick, während der Mittagspausen den weißen Wanst entblößte –, nun hatte er auch beide Hände voll zu tun, uns Land & Leute zu zeigen: einen Mann, der auf einem hölzernen Fahrrad fuhr, alles handgeschnitzt, einschließlich der Speichen, und es funktionierte! Einen Lastenträger beim Lastentragen, barfuß, in zerrissnen Shorts, aber im Sakko! Und hier, schau-dir-den-an, transportierte einer zwei stattliche Bananenstauden, ha, gerade recht für 'n paar Pavian-Papis, und obendrauf ein abgehäutetes Stierbein. Ha, so'n ausgewachsner Neger … oh, Paul hatte uns einiges zu zeigen. Und für die Dauer des täglichen Nachmittagsregens, der ihm die Sicht auf Afrika zusätzlich trübte, wußte er uns mit Anekdotischem zu unterhalten:

»Ha, son ausgewachsner Löwe, wenn dem der Sinn danach steht, dann treibt-as, ungelogen, an die sechzigmal am Tag und –«

– im übrigen schwieg er nur, sofern er sich in seine Landkarten vertiefte, in umständlichster Bierruhe, und Berechnungen begrübelte, wie viele Tage, Stunden, Minuten es wohl dauern würde, bis ... ihm der Kopf zur Seite fiel. Denn noch war die Serengeti in weiter Ferne, und die Flüchtlingsströme auf beiden Seiten der Straße, die interessierten ihn nun wirklich nicht. Unbestreitbar, Paul war ein andrer für uns geworden, selbst wenn er in seinem Eck zusammensackte und offnen Mundes in die vorbeirauschende Wildnis meditierte.

Nicht, daß er seine Unarten abgelegt hätte. Auch weiterhin bestand seine Morgentoilette in einem kurzen Griff nach dem Deo, einem kurzen Besprayen der Achselhöhlen, ohne daß er dazu sein T-Shirt erst langatmig auszog. Auch weiterhin ließ er manch Derbheit über uns ergehen, auch weiterhin steckte er den Löffel zurück ins Senfglas, nachdem er ihn abgeschleckt, trank er herumstehende Flaschen leer. Bis zu jener Nacht jedenfalls, als ihn sein Bedürfnis mal wieder aus dem Lkw heraustrieb, die Ladeklappe herunterzulassen gelang ihm inzwischen, bis zu jener Nacht.

Einige Tage zuvor hatten wir einen Berg im Grenzgebiet zum Kongo bestiegen, waren freilich erst viel zu spät losgelaufen und mit viel zu wenig Trinkwasser, die Blätter schnitten uns in Arm & Bein, mehrfach mußten wir einen Fluß durchwaten – was uns allen mächtig zugesetzt hatte, schwer atmend verkrochen wir uns in der Schutzhütte, kaum daß wir sie erreicht. Und malten uns gemeinsam aus, pelzig am Gaumen klebten uns die Zungen, was irgendwer von uns irgendwann getrunken hatte:

- ein Bier für 63 Pfennig, in einer Ostberliner Kneipe zu DDR-Zeiten;
- den frischen Pfefferminztee in Fes, über dessen Blätter die Zuckerkristalle so schön herabrieselten;
- eine Zweiliter-Asahi-Bierdose namens »Giant«, die man angeblich an jeder japanischen Straßenecke aus dem Automaten rausrumpeln lassen konnte;
- das eiskalte Ginger Ale an der Hotelbar in Samarkand;
- das Root Beer in einem Billigrestaurant auf den Outer Banks (»free refills«).

Und wenn wir uns nicht erinnerten, dann froren wir oder erbrachen uns vor Erschöpfung oder hatten Durchfall oder alles zusammen.

Von nun an ging's bergab. Mit jedem von uns, vornehmlich aber mit Paul. Beim Bananenbier, das wir nach dem Abstieg anderntags in einer Bauernhütte einnahmen, tatsächlich war der Boden der guten Stube lehmgestampft, gab er zwar noch ein paar Deftigkeiten zum besten. In der Hauptstadt Kigali erfeilschte er zwar noch drei kleine geschnitzte Löwen, wußte sich während der Weiterfahrt, bei einer Handtuchschlacht gegen die Tsetsefliegen, auf tollpatschigste Weise auszuzeichnen und in einer Kneipe »A la banana (prix democratic)« entsprechend feiern zu lassen. Ja noch in ebenjener Nacht wurde er gesichtet, als ihn sein Bedürfnis aus dem Lkw herausgetrieben, wurde gehört und, jedenfalls behaupteten das einige, gerochen: Sich unbeobachtet wähnend, hatte er seinen Strahl direkt auf das Zelt gerichtet, das ihm als erstes den Weg versperrte, als handle sich's um einen Busch, und ... sein Ziel nur knapp verfehlt.

Dennoch erschien er dann nicht zum Frühstück.

Als wir ihn herbeiriefen, wenige Tage nach der Bergtour, die uns allen so zugesetzt hatte, wir lagerten im äußersten Westen Ruandas, wo man gerade mal eine Pause eingelegt hatte mit dem Niedermetzeln, als wir ihn herbeiriefen, vor dem Marsch zu den Gorillas, gab er noch nicht mal ein Brummen zur Antwort.

»Paul, ich denke, bloß der Neger liegt so gern im Schatten, damit ihn keiner sieht? Würdest du bitte!«

»Es heißt ›Schwarzer‹«, ließ die Dozentin nicht locker, indem sie sich mit verschiednen feuchtigkeitsspendenden Tagescremes bestrich, »zumindest ›schwarzer Mann‹.«

Allein Paul blieb stumm. Blieb reglos auf seiner Pritsche liegen, röchelte leise vor sich hin.

Als wir ihn aus dem Schlafsack halb herausgezogen, halb herausgeschält hatten und dann aus seiner verklebten Jeans – jede Nacht schlief er also in kompletter Montur! –, zeigte sich ein angeschwollnes Knie, wäßrig wabbelnd, bei der kleinsten Berührung stöhnte Paul auf – oder war's der arg geschundne T-Shirt-Löwe auf seiner Brust? Dabei war er gestern noch recht fidel gewesen, der Löwe bzw. Paul, voller schmatzender Vorfreude auf das *große*, das *wirklich* große Getier, dem wir heute ja tatsächlich auf den Pelz rücken wollten. Von der Serengeti ganz zu schweigen, die beträchtlich nähergerückt.

Daraus wurde nun freilich nichts mehr. Etwas Beßres, als

Pauls Knie mit einem Tuch zu umwickeln, mit kaltem Wasser zu begießen und ohne ihn loszugehen, wollte uns nicht einfallen. Bis zu unsrer Rückkehr würde sich das gewiß gegeben haben, oh ja, Paul würde sich erholt haben, wir waren uns einig. Doch nachdem wir die Berggorillas eine volle Stunde lang schweigend bestaunt hatten, mit der Machete bahnte uns der Wildhüter den Weg, und plötzlich saßen sie vor neben zwischen uns, ein paar Silberrücken mit ihren Familien, winzige Nachwuchsgorillas purzelten durchs hohe Gras, doch nachdem wir, spätnachmittags, wieder an unserm Lkw angelangt waren, hatte sich *nichts* gegeben, im Gegenteil: Pauls Knie war weiter angeschwollen, sehr rot, und unter der Haut schwabbelte es beträchtlich. Weil uns nichts Beßres einfiel, wickelten wir ein Tuch drum herum, begossen es mit kaltem Wasser und fuhren los.

Fuhren zurück nach Kigali, Paul stöhnte nicht mal, knirschte nicht mal mit den Zähnen, und fuhren dort ohne jedweden Umweg zum Krankenhaus. Dessen Hauptpforte freilich mit Brettern verrammelt war. Nachdem wir durch einen Nebeneingang Zutritt gewonnen, suchten wir einen Weg über Dutzende von Körpern, die auf dem blanken Boden lagen und zu sterben versuchten. Was ihnen nicht so recht gelingen wollte, obwohl einige Schwestern zwischen ihnen herumstaksten und sie mit wohlklingenden Worten dazu ermunterten. Schließlich nahm sich, nach ausgiebigem Naserümpfen der einheimischen Ärzteschaft, Paul hatte ja keinerlei Schußwunde vorzuweisen, schließlich nahm sich ein Belgier der Sache an. Tastete sie sorgfältig ab, punktierte sie mit einer unsrer steril verpackten Spritzen (um nachzusehen, »ob alles noch stimme«) und – kein Sturz? kein Insektenstich?

keine chronische Krankheit? – holte eine weiße klare Flüssigkeit daraus hervor, dazu ein wenig Blut.

Paul verzog keine Miene.

Ah, gut so, nichts als ein Reizerguß, und sehen Sie selbst: kein Blut, kein Eiter, hielt er uns den gut gefüllten Kolben der Spritze reihum vor Augen. Paul habe sich ein bißchen übernommen, sein Knie werde jetzt bandagiert und in einer Woche, spätestens, sei alles wieder gut.

Alles wieder gut, na also!

Dann aber war im ganzen Krankenhaus keine Bandage aufzutreiben, weswegen wir erst noch mal zu unserm Lkw zurück mußten, über die Sterbenden hinweg.

Alles wieder gut! Trotzdem blickte uns Paul am nächsten Morgen, fiebrig glitzernd und kurzatmiger noch keuchend als sonst, recht blaß entgegen. Der Speichel hing ihm in langen dünnen Fäden vom Kinn, die Haare klebten ihm am Kopf, beängstigend wortlos, teilnahmslos ließ er sich zur Weiterfahrt in seine Stammecke zerren – nun nahm er sechs Plätze in Anspruch – und abends zurück in Schlafposition: Nach zehn Stunden Fahrt durch eine bucklige Welt mit terrassenartig die Hänge hinanziehenden Feldern waren wir in Bujumbura angekommen, der Hauptstadt Burundis, wo der Staub in den Straßen flirrte und Menschen am Straßenrand standen, die man sonst nur im Fernsehen zu Gesicht bekam.

Bujumbura, das klang schon sehr nach dem dunklen Herzen Afrikas, Bujumbura, wir wagten kaum, unsern Lkw zu verlassen: Denn wieder wußten wir uns keinen andern Rat, als Paul ins Krankenhaus zu schaffen, trotz der beruhigenden Worte des Belgiers, und diesmal durch den Haupteingang.

Erneut wurde Pauls Knie punktiert – von einem Franzosen, der währenddessen unsrer ökologisch korrekten Schlappenträgerin zuzwinkerte. Und sich, ein beiläufiger Blick auf die trübe Füllung der Spritze, seiner Aufgabe entledigte: indem er das ganze Bein eingipste. Paul solle sich mal nicht so anstellen, wenn hier jeder käme, sie hätten Krieg und wirklich andre Sorgen.

Krieg? Immer noch?

Nein. Schon wieder.

Tutsi gegen Hutus?

Nein. Hutus gegen Tutsi.

Ach ja, eine Art Medizin verschrieb er ihm auch, Paul mußte dafür an Ort & Stelle bezahlen, mit Dollars. Und verbrachte anschließend eine letzte Nacht im Lkw.

Anderntags war er sonnenbrandrot erblüht, aus Armen, Beinen, Bauch wucherten wilde Schwellungen, an denen er pausenlos kratzte, vielleicht reagierte er allergisch auf die Medizin, seine Stirn heiß und kalt, sein Blick leicht verzittert. Diesmal kam ordentlich Eiter aus seinem Knie, als wir den Franzosen aufgespürt – in einem Vorort von Bujumbura, wo er Dutzende von schwarzen Männern in einen gewaltigen Rohbau hinein- bzw. aus ihm herausscheuchte –, als wir den Franzosen überredet hatten, seinen Dienst in der Klinik doch bitte anzutreten.

Mit bloßen Händen und einer Rohrzange, etwas Geeigneteres war nicht aufzutreiben gewesen, brachen wir den Gips auf. Paul knirschte noch nicht mal mit den Zähnen und zerdrückte unsre Hände und stank. Der Franzose zwinkerte niemandem mehr zu, sondern rümpfte die Nase, ließ Paul dann aber notgedrungen ins Nachbarzimmer tragen, sozusagen stationär einweisen. Nicht ohne uns zu bedeuten, ihn rund um die Uhr dort zu bewachen, eine Klingel zum Rufen von Personal gebe's nämlich nicht. Ebensowenig wie ein Bettlaken, eine Matratze – letztere konnten wir immerhin einem andern Patienten kurzerhand abkaufen –, und als Paul endlich lag, dunkelrot geschwollen bis weit in den Oberschenkel hinauf, und an den Tropf gehängt werden konnte, da stach die Krankenschwester nicht eher mit der Nadel in seinen Handrücken, bis wir mit einem Bündel Dollarscheinen unsre Zustimmung signalisiert hatten. Von der Decke brannte eine Neonröhre, hinterm vergitterten Fenster hing der Mittag, überall saßen Moskitos. Niemand machte sich mehr die Mühe, sie totzuschlagen, die Geckos an den Wänden schnalzten wie aufgeregte Amseln.

Im Zweistundenwechsel kauerten wir neben Pauls Matratze. Waren wir auf unserm Lkw bislang die Könige gewesen, denen man vom Straßenrand aus durch Zurufen, Bierflaschenschwenken gehuldigt hatte, so waren wir jetzt, auf dem blanken Fußboden angekommen, die Bettler, und man behandelte uns entsprechend. Nur mit Mühe gelang's uns, ausreichend Trinkwasser für Paul zu erfeilschen, ein Laken konnten wir im ganzen Krankenhaus nicht auftreiben, für jede Spritze, die die Krankenschwestern beibrachten, mußten wir vorab in Dollars bezahlen. Und obwohl sie bis zu dem Zeitpunkt, da der Handel perfekt war, ungeduldig mit ihren schwarzen Beinen wippten, hielten sie dann sämtliche Scheine erst mal mit Bedacht gegen die ununterbrochen brennende Neonröhre, Wasserzeichen betrachtend.

Dazu jammerte in einem der eisernen Bettgestelle, die matratzenlos neben dem von Paul standen, ohn' Unterlaß eine junge Frau, umlagert von ihrer Großfamilie zuzüglich aller Freundinnen aus früheren und Verehrern aus zukünftigen Leben, ein gewaltig wogender Schattenriß an der gegenüberliegenden Wand. Nicht zu vergessen ein Baby, mit farbfreudigem Tuch fest an den Rücken seiner Mutter gezurrt, das die Kranke pausenlos bedauerte. Paul schien das gar nicht zu hören. Schien nichts mehr zu fühlen, als wir ihm sein schweißtriefendes T-Shirt vom Leib zogen. Deutete nur selten auf die Wasserflasche. Keines einzigen Blickes würdigte er die drei Holzlöwen, die wir aus seinem Rucksack hervorgekramt und neben dem Bett, vielleicht würde ihn das ja ein wenig ermuntern, auf einer umgedrehten Kiste plaziert hatten.

Würdigte überhaupt niemand & nichts eines Blickes, lag auf dem Rücken, starrte zur Decke, während wir uns an seiner Seite abwechselten und doch nichts weiter machten, als die Moskitos zu verscheuchen, selbst der Safarifürst wußte nichts Sinnvolleres. Denn Paul war völlig wieder in sich hinein-, in sich zurückgekrochen, wie zu Beginn der Reise grunzte er allenfalls, wenn er zur Toilette geführt werden wollte, lag ansonsten unter seinen Infusionsflaschen, schwitzte, stank. Ach Paul, hier wollte dir keiner mehr mit seinen weißen Handflächen zuwinken, die Krankenschwestern ließen dich ihre Verachtung deutlich spüren, sei's die Hüftschwingend-Dicke, die von deinen Antibiotika stets die halbe Ration für den Schwarzmarkt einbehielt, sei's die Dünne mit den weiß lackierten Fingernägeln: Als schreite sie übern Laufsteg, durchquerte sie den Raum, die Hüften aus Sahne, und sobald sie neben deinem Bett zum Stehen kam, demonstrativ nach Luft fächelnd, demonstrativ mit ihren nackten Beinen wippend, *sprach* sie nicht etwa mit uns, oh nein, sondern bezifferte lediglich den Preis für die nächste Spritze. Niemand wagte zu fragen, ob darin wenigstens die halbe Ration war.

Während Paul nicht mal mehr registrierte, wie sie dann nach einer seiner Adern suchte.

Nicht mal mehr registrierte, wie sich einer der Schatten von der Wand löste, besorgt sich nach seinem Befinden erkundigte, »When häf ju bin seefd?«, und versicherte, im Fall des Falles sei das Paradies ohnehin der angenehmere Ort. Erst, als er schon lang wieder verschwunden war, bemerkten wir, daß zwei der drei kleinen Holzlöwen fehlten.

Stunden später der Wecker.

Dann die blaurotgrünen Turnschuhe.

Ein Taschenmesser, mit dem wir Melonen in mundgerechte Stücke geschnitten hatten.

Paul dagegen bemerkte nichts. Weder daß wir ihm seinen Namen ins Ohr flüsterten. Noch unsre kraftlosen Flüche auf den Arzt, der sich den ganzen Tag lang nicht hatte blicken lassen. Paul, von roten Flecken übersät, Paul wollte nur daliegen, die Augen geschlossen, wollte seine Ruhe haben. Selbst die Moskitos schienen das inzwischen zu akzeptieren.

Das war das Zeichen.

Mitten in jener zweiten Nacht im Krankenhaus von Bujumbura, wir waren zerstochen, zermürbt, zerstritten, das Kind kreischte, die Neonröhre brannte, der Schatten wogte, mitten in jener Nacht, Pauls nackter Oberkörper glänzte purpurglatt, sein ganzes Bein war aufgeschwollen, sein Kopf von kleinen Schweißtropfen beperlt, die Dozentin fächelte ihm mit ihrer Baskenmütze pausenlos Luft zu, mitten in jener endlosen Nacht fiel uns mit einem Mal auf, daß wir keine einzige Mücke mehr von Pauls Fleisch zu verscheuchen hatten – sie schienen zu riechen, daß sein Blut nicht mehr schmeckte. Im selben Moment wurde uns klar: daß Paul hier raus mußte, heim mußte, in ein richtiges Krankenhaus mit richtigen Krankenschwestern, richtigen Ärzten. Und zwar schleunigst.

Wie wir's fertigbrachten, Paul schon am folgenden Abend in ein Flugzeug zu bringen, will sagen: wie wir die Botschaft um Hilfe bestürmten; wie wir von der Rezeption eines Luxushotels aus, das als einziges eine Auslandsverbindung schalten konnte, auf den Vertreter von Pauls Krankenversicherung einredeten; wie wir den französischen Arzt noch mal in seinem Vorort aufstöberten – der Bau der Villa war mittlerweile bedeutend fortgeschritten –, weil wir eine Unterschrift brauchten; wie wir den Angestellten des Flugbüros bestachen, der uns partout keine acht Plätze verkaufen wollte, die man für die Installation einer Krankentrage und die Begleitperson benötigte; wie wir also, denn von dem Franzosen hatten wir nun wirklich genug, wie wir einen weiteren Arzt in einem weiteren Vorort auftrieben, der Paul während des Flugs beaufsichtigen würde; und wie wir den Chef des Flugbüros, der ebensowenig wie sein Angestellter die acht Plätze hergeben wollte, obwohl die nächste Maschine nur zur Hälfte ausgebucht war –

– zum Glück liebt der schwarze Mann ja alles, was knistert und viereckig ist und aus einer Geldbörse hervorgezogen wird –

– wie wir also erst den einen, dann den andern mit unsern Dollars überredeten; und wie wir am Ende, weil's in der ganzen Stadt keinen einzigen zivilen Krankenwagen gab, Pauls Habseligkeiten verpackten und einen Militärtransporter organisierten, der ihn bis aufs Rollfeld schaffen konnte: ich weiß es nicht mehr, doch wir taten es.

Merkwürdig deutlich dagegen erinnere ich mich, daß ich in fieberhafter Ruhe neben ihm saß und ihm die Hand hielt, Paul, daß ich sinnlose Worte murmelte, »When häf ju bin seefd? When häf ju bin seefd?«, und seinen Siegelring bestarrte. Und erinnere mich, daß wir ihn, der dabei fast ohnmächtig wurde, dann zu viert auf die Krankentrage wälzten, Paul, daß die Soldaten, naserümpfend, ein Sondertrinkgeld noch vor dem ersten Handgriff ausfeilschten und: daß Paul, der stumm bislang erlitten hatte, wie der Eiterherd von ihm Besitz ergriffen, wie er stündlich in seinem Bein hochgekrochen und ihn immer mehr vergiftet hatte, so daß am Schluß schon eine bloße Aspirinspritze gereicht hatte, um neue dicke Pusteln aus seiner weißrot gefleckten Haut hervorzutreiben –, ich erinnere erinnere erinnere mich, daß Paul plötzlich die trocknen Lippen öffnete und: einen Schrei ausstieß. Keinen besonders lauten, doch einen, der aus dem Tiefsten der gepeinigten, der verendenden Kreatur kam, keinen besonders langen, doch just in jenem Moment, da die Soldaten endlich anpacken wollten und der Militärtransporter, das Dienstfahrzeug des Botschafters und unser Lkw vor dem Krankenhausportal warteten: keinen besonders imposanten, doch einen ganz knappen, ganz kleinen Schrei, so daß die Träger kurz absetzten, ja, ich meine mich zu erinnern, daß selbst das Baby sein Gezeter unterbrach, daß das fortwährende Gemurmel der Schatten am Nebenbett erstarb. Da war's, für eine Sekunde, plötzlich sehr still *während irgendwo im Mekongdelta drei kleine Mädchen, maximal zehn Jahre alt, die einen Touristen in ihre Kneipe gewunken und zunächst dort mit Cola versorgt hatten, dann freilich auch mit Angeboten (»Wai ju not wont bi äppi?«): während drei kleine Mädchen ein viertes, noch kleineres Mädchen hinterm Tresen hervorzerrten, das sich stumm an einem Puppentorso festklammerte …*

war's sehr still, einen einzigen Moment lang, denn die Zeit drängte. Am frühen Nachmittag des sechsten Tages, nachdem man uns versprochen hatte, es werde alles wieder gut, ergriffen die Soldaten die Trage und gingen mit ihm davon, Paul, fuhren mit ihm davon. Erst als wir an sein Krankenlager zurückgekehrt waren, um den Verkauf der Matratze zu betreiben, die Neonleuchte brannte, die Geckos schnalzten, die Schatten schwankten, und doch! und doch! war das Zimmer ein andres für uns geworden, erst in jenem Moment bemerkte ich, daß wir den dritten Löwen auf der Kiste vergessen hatten. Und steckte ihn ein.

Wochen später, als wir in der Serengeti kampierten und dermaßen viele Löwen gesichtet hatten, daß sie der Rede nicht mehr wert waren, als wir ums Feuer saßen und eine ratlose Konversation betrieben, als wir in den Zelten lagen und nichts mehr zu erwarten stand, als wir heraus wieder getrieben wurden unter einen fremden Sternenhimmel und kein Wort mehr wagten: da hörten wir ihn noch immer, diesen kraftlosen Schrei, diesen kurz aufröchelnden Lebenswillen und die unendlich währende Sekunde danach. Oh ja, Paul würde's ganz sicher geschafft haben, wir waren uns einig. Und das Echo seines kleinen kleinen Schreis schlug an ein

Himmelsgewölbe, von dem die Gewalt des Südens so heftig herunterfunkelte, daß wir sehr schnell uns wieder zu verkriechen suchten.

Die beiden Taten des Bocks

Wildschönau, Januar 1971

In den Siebzigern gab's noch reine Jungenschulen, und das Maria-Theresia-Gymnasium war eine davon, übrigens die mit der höchsten Durchfallquote in ganz München: Mittelharte Zeiten waren das, auch in der Klasse 10b, und wer sich den Riten der heranwachsenden Jungmännerschar entzog, war bald als Streber untendurch. Mit einer einzigen Ausnahme: dem Boeckl Franz, genannt »der Bock«, der seine Tage stumm und reglos unter uns verbrachte, statt sein Maul möglichst weit aufzureißen, nicht mal ein Volltreffer mit der Wasserpistole konnte ihn aus dem Gleichgewicht bringen. Jedes Jahr, wenn die neuen Nobelpreisträger durch die Nachrichtensendungen gereicht werden, warte ich drauf, daß sein Name endlich auftaucht, empörenderweise bislang vergeblich.

Denn er war ein Genie, obschon ein stinkend faules, und wenn er gerade einen seiner berühmten Auftritte hingelegt hatte, nichts weniger als ein Star. Ein hochsensibler Star mit jeder Menge Allüren, ein verstockt wirkendes Bürschlein, wahrscheinlich durch regelmäßige Prügel von frühster Jugend an gegen Einwirkungsversuche der Umwelt abgehärtet, weißhäutig, scheu, schüchtern, den offiziellen wie inoffiziellen Vorgängen im Klassenzimmer gleichermaßen entrückt: So saß er volle neun Jahre lang mit Seitenscheitel und stark gekrümmtem Rücken vor hinter neben zwischen uns, saß, bewegungslos der Dinge harrend, die da kommen mochten, und böckelte vor sich hin.

Oh ja, böckelte vor sich hin – wer weiß, ob seine Zurückhaltung gegenüber Seife und Wasser nicht *noch* ausgeprägter war als diejenige gegenüber mündlichem Sprachvollzug. Was mochte er wohl den Rest des Tages getrieben haben? Wir scherten uns nicht drum, hatten mit unsern fünfzehn, sechzehn, siebzehn Jahren andre Fragen zu klären, drängendere Fragen. Trotzdem spielte er in unser aller Leben keine geringe Rolle: weil man uns auf ein naturwissenschaftliches Gymnasium gegeben hatte, weil im Zentrum unsrer Vormittage folglich der Mathematikunterricht stand, gern auch als Doppelstunde, weil man uns bereits in der Mittelstufe mit Mengenlehre, dem Eigenleben von Vektoren und, vornehmlich, den Geheimnissen der Graphenzeichnung bekanntzumachen suchte. Für die das Gros der Klasse freilich zunächst kein übermäßiges Interesse entwickeln wollte.

Entsprechend eifrig warf unser Mathe-Lehrer mit Kreidestücken nach jedem, der unter der Bank sein Pausenbrot zerwühlte oder sonstwie Anstrengungen unternahm, der Tristesse seiner Darlegungen zu entfliehen; ansonsten liebte er's selber, den Lehrplan durch gelegentliche Darbietung von Zauberkunst aufzulockern. Was ihm auch trefflich gelang; bei der reibungslosen Herbeiführung all der Lehrsätze, die ihm pro Schuljahr oblag, war er weniger erfolgreich. Um nicht zu sagen: war er schlechterdings unerfolgreich, mit verläßlicher Regelmäßigkeit kam in seinen Beweisführungen der Punkt, da er mit dem stets in der Linken mitgeführten Lehrbuch nicht mehr übereinstimmte. Seine Ratlosigkeit entfaltete sich jedoch jedesmal in solch verblüffender Ehrlichkeit, daß ihm keiner gram sein wollte, wenn's wieder soweit war: Ratlos blickten wir schließlich alle. Bis auf den Bock, der sein Wissen allerdings niemandem aufdrängte und also persönlich eingeladen werden mußte:

»Boeckl –?«

Schnell hatte der Lehrer nämlich erkannt, daß ihm ein effizientes Helferlein vom Schicksal beigegeben, dessen Namen nur beschwörend benannt werden mußte, schon entbuckelte es sich, tappte mit linkischen Bewegungen zur Tafel, wischte hier ein überflüssiges x weg, fügte dort ein fehlendes y ein, und im Handumdrehen gingen sämtliche Gleichungen, in denen sich der Lehrer leidlich festgerechnet, ohne lästigen Rest auf. Einen entscheidenden Nachteil hatte diese Methode jedoch: Sie hielt sich nicht lang mit Erklärungen auf, im Gegenteil, so schnell konnte man gar nicht hinterherdenken, wie unter des Bocks kundigen Krakeleien das Ende der Tafel erreicht und jedes $\forall$, Σ und $\exists$ auf dem ihm zugemessnen Platz war. Was den Herrn Lehrer, am liebsten hätte er sich gewiß in ein Stückchen Kreide verzaubert, von der einen, der primären, in die andre, noch verdrießlichere Sekundärverlegenheit stürzte.

Selbst hieraus freilich wußte er sich zu befreien:

»Wer die Begründung findet«, grinste er nach ein paar still verbrüteten Sekunden stets auf unschuldigste Weise schuldbewußt in die Runde, »der bekommt eine gute Note«.

Er verschwieg – aber wir wußten das natürlich alle –, daß derjenige, der's jetzt wagte, eine *falsche* Begründung vorzuschlagen, mit einer Fünf bestraft wurde; und weil's auf diese

Weise fast täglich knisterte vor Spannung, strebten wir im Mathematikunterricht, zu unserm eignen Überraschen, bald nach Höherem als der Darstellung obszöner Vereinigungsmengen unter der hohlen Hand.

Denn der Bock war nach erbrachtem Quod erat demonstrandum zu keinerlei Hilfestellung mehr zu bewegen. Und ließ sich sein Schweigen schon angesichts eines rätselhaft geordneten

$$\log \frac{x + y}{\sqrt{x^2 - y^2}} = \frac{1}{2} \cdot \log(x + y) - \frac{1}{2} \cdot \log(x - y)$$

schwer ertragen, so traf's außerhalb des Mathe-Unterrichts schlichtweg auf Unverständnis. Oh, Bock. Den Rest seiner Vormittage versaß er, auf die Tischplatte oder den Rücken seines Vordermanns oder eigentlich: durchs eine wie durchs andre hindurch starrend, in eine beßre Welt aus lauter logisch ineinandergelegten Differentialgleichungen, von denen wir andern erst ab der 11. Klasse leise Ahnungen bekommen sollten. Von denen er selbst hingegen bereits mit Gewißheit wußte, daß man sich darin vor jedweder heimtückischen Abseits- oder Deklinations- oder Kommaregel sicher wähnen durfte. Oder vor unserm Erdkundelehrer, der mindestens einmal pro Woche vom Boeckl Franz wissen wollte, wie viele Höhlen der tausend Buddhas es denn in China nun tatsächlich gebe und ob man darin Buddhas vergoldeten Eckzahn verehre oder eins seiner Barthaare.

Mit Neckereien konnte man den Bock nämlich nicht im geringsten für sich gewinnen; ebensowenig wie er eine Miene der Kümmernis zeigte, gab er je sichtbarlich Zeichen der Erheiterung von sich, teilnahmslos folgte er dem Auf & Ab des schulischen Alltags oder eigentlich: folgte ihm nicht. Selbst wenn man ihn Vokabeln oder Geschichtsdaten abzufragen strebte, begnügte er sich mit schweigenden Blankoblicken, was ihm bei der Lehrerschaft bald den Ruf des verbockten Eigenbrötlers eintrug; doch wer weiß, wer weiß! Vielleicht schwieg er nicht aus Unwissenheit oder Trotz, sondern aus einer höhern Form von Einsicht, die schlichtweg zu höflich war, den Lehrern langwierig auseinanderzusetzen, daß bereits ihre Fragen falsch gestellt waren?

Im übrigen schwieg er ja nicht vollständig, man mußte nur einen günstigen Moment abwarten und sich, flach atmend, den Gepflogenheiten seiner radikalreduzierten Artikulationsweise anpassen. Ein Gespräch mit ihm gestaltete sich dann zwar noch immer sehr eckig, sofern man überhaupt von Gespräch reden konnte, führte aber in Minutenschnelle zu vektoriellen, exponentiellen oder trigonometrischen Aha-Erlebnissen, deren man aus eigner Kraft kaum teilhaftig geworden: und zwar ausschließlich mittels klarer Ja/Nein-Fragestellungen, die sich der Bock durch kurzes Kopfnicken oder -schütteln gleich wieder vom Leibe schaffen konnte. Bestenfalls entfuhr ihm dazu ein unterschiedlich unwirscher und entsprechend interpretierbarer Brummton – je mehr sich uns die Mathematik mit ihren logarithmischen Mysterien versiegelte, desto findiger übten wir uns in diese kryptische Minimalsprache ein, auf daß wir wenigstens für unsre zweitgrößten Probleme Lösungen fanden.

Insofern war der Bock zwar einer, über den sich keiner mehr wunderte, den man andrerseits aber auch in Ruhe ließ, mochte er nun tun oder, vorzugsweise, lassen, was immer ihm in den Sinn kam. Ein Fall für den Psychologen? Den Gepflogenheiten eines naturwissenschaftlichen Gymnasiums entsprechend, bestrafte man ihn ganz einfach in regelmäßigen Intervallen. Was ihn nicht im geringsten zu beeindrucken schien, allenfalls zog er die Schultern noch ein Stück weiter nach vorne, senkte den Kopf noch ein Stück tiefer, nahm den Verweis wie einen hart getretnen Ball, den man zähneknirschend an sich abprallen ließ.

Denn auch im Turnunterricht, der in unserm Fall fast ausschließlich mit Hallenfußball bestritten wurde, hatte er's bald zu bestaunenswerter Fähigkeit gebracht. Zwar körperlich ungewandt, nachgerade unbeweglich, entwickelte er ausgerechnet hier den Ehrgeiz, seinen Mann zu stehen, koste was wolle: Entschlossen trat er jedem in den Weg, der sich zu nähern wagte, und da er durch keinerlei Ballgefühl in seinen Aktionen behindert wurde, fielen sie mitunter überraschend derb aus; sein Mut, sich trotz vollkommner Unfähigkeit dem Lauf der Dinge entgegenzustemmen, trug ihm zwar einige Platzverweise, jedoch auch einen gewissen Respekt ein. Selbst vor fliegenden Bällen zeigte er keine Scheu, ja es schien, als ob er zu ihnen, wortlos den Aufprall erduldend, eine besondre Affinität entwickelte. Weil er auf diese Weise oft im letzten Moment durch pure Anwesenheit zerstörte, was andre durch mühsames Dribbeln und Flanken aufgebaut, pflegte er am Ende der Turnstunden mit hochrotem Kopf, hochrotem Oberkörper der Umkleide zuzustreben, wortlos.

Als es am 11. Januar 1971 ins Skilager ging, nach Tirol, kam's freilich auch für ihn noch eine Spur härter. Bereits am Ankunftsabend bewiesen wir dem begleitenden Mathe-Lehrer, daß wir während der folgenden Woche selbst mit Zaubertricks nicht zu halten sein würden: Nachdem wir uns durch

Einnahme verschieden klarer Getränke ermuntert hatten, setzten wir unsre Skibrillen auf, zurrten die Schals ums Gesicht – der Bock, der keinen besaß, wurde ersatzweise in eine Decke gewickelt –, zündeten die mitgebrachten Zigarren an und: trieben uns als marodierende Jungmännerbande, beherzt gegen den Testosterondruck antrinkend, durchs Dorf. Und erschreckten kleine Mädchen, die wir schließlich vor einer andern Pension aufgespürt hatten; daß wir im Verlauf der Nacht dort einige China-Böller zur Explosion brachten, versteht sich.

Tagsdrauf stand das Vorfahren an, aufgrund dessen die Klasse in verschiedne Kurse aufgeteilt werden sollte. Als wir den Hang erreicht hatten, ein kurzer Fußmarsch führte uns durch den Ort und die angrenzenden Wiesen, stellten wir empört fest, daß man uns noch immer nicht ernst nahm: Nach Buckelpisten verlangte's uns und nach Marillenbrand, den wir in unsern Parkataschen mitführten – und hier sollten wir erst mal mit einen Babyschlepplift hinauf- und anschließend einen Depperlhang hinunterfahren? Den man allenfalls auf einer Plastikmülltüte rutschend mit der gebotnen Verachtung hinter sich bringen konnte – Himmel, Harsch & Firn!

Dann aber fiel der Bock aus dem Lift, fiel auch beim zweiten Versuch, nachdem ihm ein Stiefel aus der Bindung gerutscht und er mehrere Meter tapfer mit dem nunmehr skilosen Bein gegen den nächsten Sturz angetreten war: als »Häuptling Scharrendes Pferd«, wie wir ihm aufmunternd zuriefen und dabei unsre Laune nicht unbedeutend hoben. Daß der Bock noch nie zuvor auf Skiern gestanden, war zwar zu erwarten gewesen, daß er sich jedoch, in seiner zusammengeliehnen Ausrüstung, der neuen Herausforderung auf solch hingebungsvolle Weise stellte, übertraf unsre Erwartungen – bei einer Runde Marillenbrand verständigten wir uns darauf, das Vorfahren in derselben vorbildlichen Gesinnung zu gestalten:

Kaum winkte der Lehrer, der unten, nahe der Talstation, zurückgeblieben, dort, wo die Piste vor einem baufällig wirkenden Lattenzaun eine leichte Biegung nahm, um zum Lift zurückzuführen, kaum war einer von uns per Handzeichen zum Losfahren aufgefordert worden, setzte der alles daran, wie ein Vollidiot hangabwärts zu geraten: breitbeinig, steif, hin & her schwankend vor & zurück, mancherlei Bocksprünge in seine Fahrt willkürlich einbauend, scheinbar drauf & dran, von der nächsten Bodenwelle davongetragen und in der Luft zerrissen zu werden, einen Moment später dem sichern Zusammenprall mit einem arglos kreuzenden Stemmbogenfahrer durch eine verräterisch geschickte Wendung knapp noch ausweichend, begleitet vom Konzert der Klasse, sehr zum Gaudium auch derjenigen, die gerade mit dem Schlepplift hochfuhren; das letzte Drittel des Hanges dann aber, von einem Huckel zum nächsten, mit leicht angedeuteten Wedel- oder Innenskischwüngen elegant bewältigend, so daß der Lehrer auch wirklich merkte, wie sehr er die obern zwei Drittel verarscht worden. Hätte nur noch gefehlt, daß uns dabei ein paar Jodler entjauchzt wären, die besten von uns rauschten in einer Serie an selbsterfundnen Helikopterschwüngen, eine Art Mächtigkeitsspringen, mit Volldampf Richtung Liftstation. Wo sie möglichst knapp erst, nach Art der Pistensäue, vor dem Lehrer abbremsten, auf daß ihm die Schneebrocken um die Ohren stoben.

Das war gewiß schon recht lustig gewesen und der Versuch, uns in Gruppen aufzuteilen, ad absurdum geführt. Fehlte nurmehr der Bock. Bis der sich entschließen konnte loszufahren, mehrfach winkte und rief der Lehrer, warteten wir geschlossen am Fuße des Depperlhügels, sprachen den Flachmännern zu und ließen uns von einem, der zweimal sitzengeblieben und bereits ziemlich ziegenbärtig war, in kräftigen Farben schildern, was er in der gestrigen Nacht erlebt hatte: Nachdem er sich beim Entzünden seiner China-Fürze von einer Horde Mädchen hatte erwischen lassen, fuhr der Bock plötzlich los, und nachdem ihm gleich eine derselben, angeblich, ihren leergelutschten Kaugummi in den empörten Mund rübergeküßt hatte, fuhr der Bock schon eine erstaunliche Weile, folglich demonstrierte uns der Ziegenbärtige, wie er sich für seine Racheaktion sämtlichen Schleim aus den Nasenlöchern herbeigezogen, doch als der Bock weiterhin keine Anstalten traf, einen Bogen zu versuchen, und, statt zügig zu stürzen, in beachtlicher Passivität auf seinen Leihskiern verharrte und an Fahrt gewann, blieb uns die Spucke weg.

Als er sich aber im untern Drittel des Hangs einfand und, statt wenigstens jetzt zu verkanten, in wilder Schußfahrt direkt auf den Lehrer zuhielt, der ihm ratlos entgegenstarrte, »Boeckl –?«, erstarb das letzte Getuschel: Noch ein paar Sekunden, dann –

– bretterte der Bock knapp am Lehrer vorbei und voll auf das Lifthäuschen zu, das ihm –

– nein, selbst daran knatterte er in vom Fahrtwind geblähter Montur vorüber, wir erstarrten vor Ehrfurcht, und nun –

– gab's nurmehr den Zaun. Wenige Meter, bevor er ihn erreichte, zogen wir instinktiv die Schultern nach vorne, den Kopf ein Stück tiefer und – kurz vor dem Aufprall brach sie an, die schweigend verschwitzte Sekunde der Stille, man meinte, die Schneekristalle knistern zu hören

während in Gizeh ein paar Touristen, vom gleißend weißen Licht der Wüste vorfreudig ins Halbdunkel der Cheopspyramide eingetaucht, schon nach wenigen Metern von einem derart stechenden Pißgestank benebelt wurden: daß sie, Weltwunder hin, Weltwunder her, rasch zurück ins Freie strebten ...

da aber fuhr der Bock bereits, keinen Ton der Klage von sich gebend, fuhr durch den Zaun, indem er sich duckte und mit dem Kopf eine Latte herausstieß, ging, solcherart endlich gebremst, ging zu Boden – man sah den aufstiebenden Schnee wie eine Wolke über ihm wirbeln und dazu hörte man: nicht mal ein unwirsches Brummen. Nach einer weiteren Sekunde vollkommner Stille, der Schnee hatte sich schon wieder gesetzt und glitzerte so gleichmütig, als sei gerade lediglich ein überflüssiges x aus der Welt geschafft worden, brachen wir in Beifall aus: Das war, kein Zweifel, eine echte Tat gewesen.

Von diesem Moment an war er der Held des Hanges, ach was, des ganzen Berges, ja uns wollte's scheinen: des gesamten Skigebiets – von nun an galt der Bock als Profi. Es fehlte nicht viel und wir hätten ihn, der kaum seine rasch aufschimmernde Beule betastete, mit Hilfe der herausgebrochnen Latte heimgetragen. Wo wir ihn am Abend, nach dem »großen Kau«, immerhin mit unserm Spezialgebräu feierten: dosenweise Libby's-Fruchtcocktail, großzügig verfeinert durch Strohrum und sonstigen Billigalkohol. Der Bock trank das Zeug nicht nur, sondern löffelte sich die Früchte ein, als handle sich's um Obstsalat. Daß wir ihn später in der Toilette fanden, um die Kloschüssel herumschnarchend, daß wir ihn unter die Dusche schaffen mußten, um ihn wenigstens zum Kotzen zu bewegen, konnte seinem Ruhm keinen Abbruch tun.

Am Morgen danach herrschte dichtes Schneetreiben, selbst die Spitze unsres Hausbergs hing im Nebel, und obwohl wir uns in der Jausenstation mit »Jagertee« Mut machten, mußten wir irgendwann den Weg ins Tal antreten. Nun kannten wir damals siebzehn verschiedne Arten, einen Hang effektvoll hinter uns zu lassen, aber an einem solch vernebelten Tag verboten sie sich ausnahmslos, mitunter sah man keine zwei, drei Meter Piste, fuhr wie ein Depp auf einem Depperlhang, und was wir gestern unterm allgemeinen Gejohle gespielt hatten, wurde heute Ernst: Sogar die Besten von uns konnten's nicht verhindern, an einem jäh aufknirschenden Eisbrett abzurutschen oder, vereinzelt aufstäubende »Ohs« und »Ahs«, ergänzt durch Gefluch, kündeten von den Geschehnissen, oder in einer unverhofft sich entgegentürmenden Schneewehe zu landen. Weil wir, einschließlich unsres Lehrers, dessen Ratlosigkeit angesichts des weiß uns umwallenden Nichts derjenigen vor vollen Schiefertafeln gleichkam, weil wir alle heftig mit uns selbst beschäftigt waren, dauerte's einige Zeit, bis sich der Bock – wir hatten ihm noch gestern die Grundkenntnisse der Pflugschußfahrt beigebracht – erneut seinem Publikum präsentieren konnte. Zum Glück auf einem sehr flachen Teilstück der Abfahrt, in anfängerhaften Schrägfahrten waren wir von Nebelbank zu Nebelbank gerutscht und der Orientierung dabei vollständig verlustig gegangen, aus der verschleierten Ferne schimmerte uns eine letzte Markierungsstange flau entgegen: Wo wollte sie uns die Piste weisen, stritten wir über den Kopf des Lehrers hinweg, sollte man sie von links anfahren oder von rechts?

Eine klare Ja/Nein-Fragestellung, bei der Wahrscheinlichkeitsrechnung nicht weiterhelfen würde; schnell einigten wir uns darauf, und die verzehrten Jagertees mochten uns bei der Meinungsbildung beflügelt haben, das Problem könne nur *einer* angemessen lösen:

»Boeckl –?«

Egal, welch Hindernis hinter der letzten Markierung auf uns warte, versicherten wir einhellig, er sei der einzige, der sich davon auf keinen Fall würde aufhalten lassen. Und so fuhr er denn schließlich, patschnaß und hochrot erhobnen Kopfes, mit unser aller Segen los.

Erst hielt er direkt auf die Markierung zu, bewegungslos der Dinge harrend, die da kommen würden; bevor sich unser aller gespitzte Ohren mit Schweigen füllten, sah man ihn einen letzten Moment lang links – oder rechts? – dran vorbeifahren. Schon entglitt er uns in den Dunst, und kein noch so verhaltnes Brummen wollte von seinen analytischen Erfahrungen darin künden, um Kopf & Kragen lauschten wir uns, ein paar Sekunden lang war's wiederum dermaßen still, daß man die Schneeflocken fallen hörte

während in Gizeh ein paar Touristen, vom Wunsche beseelt, die Cheopspyramide zu besteigen, schon nach wenigen Stufen durch den diensthabenden Dragomanen dran gehindert wurden: indem er, des eben eingestrichnen Bakschischs ver-

gessend, sein Gewehr in Anschlag brachte, Laute des Mißmuts aus sich herauskehlend, sogar sein Kamel verzerrte dazu das Maul . . .

und weitere dreihundert, vierhundert, fünfhundert Sekunden sollte's dauern, bis wir ihn fanden, den Bock. Wie er bäuchlings, mit schmerzverzerrtem Gesicht im Tiefschnee lag, hinter der letzten Markierung war diesmal kein Zaun, sondern ein erkleckliches Bachbett gewesen, eine regelrechte kleine Schlucht, steil wie ein Wurzelzeichen in den Berg geschnitten, und wo wir langsam hinab- und auf der andern Seite wieder hinaufgestiegen, war der Bock allem Anschein nach in freiem Flug darüber hinweggesegelt: freilich mit dem Effekt, daß er auf der entgegengesetzten Seite nicht bloß eine Latte hätte aus dem Weg räumen müssen, sondern die ganze Welt.

Bis er von der Pistenwacht auf einer Alutrage ins Tal geschafft wurde – sie sahen sofort, daß er sich den Arm ausgekugelt hatte, und verwunderten sich ob seiner Klaglosigkeit –, bis der Bock in wilder Schußfahrt talwärts gelangte, versuchte unser Lehrer, sich vor lauter Primär- und Sekundärverlegenheit in Grund & Boden hinabzuzaubern. Aber das hätte er gar nicht gebraucht, nicht mal der Bock knirschte mit den Zähnen.

Soon come

Negril, Februar 1992

Mein erster, mein erster *richtiger* Tauchgang fand inmitten einer Schar Südafrikaner statt, deren aufmunterndes Gescherze beim besten Willen nicht zu verstehen war, und »um ein Haar« hätte's mein vorletzter sein können. Fand inmitten einer Schar tätowierter Südafrikaner statt, unter Beifügung eines Rolex-Russen und zweier Japaner, die dann eifrig an den Basaltblöcken entlangschlubberten, der Tarierung unfähig, jede Menge Kleinteile, belebte wie unbelebte, abtretend. Sahen wir etwa Koffer- oder Kugelfische, Mantas oder Haie, denen fürderhin all unser Streben gelten sollte? Dennoch war's eins meiner größten Abenteuer, schließlich kam ich heil wieder oben an, am Boot, hatte – nachdem ich bislang bloß als Kursteilnehmer in oberbayerischen Weihern unterwegs gewesen: Wechselatmung, Maske-Ausblasen, Wechselatmung, Maske-Ausblasen – hatte keinen Fehler gemacht.

Nunja, einen einzigen vielleicht.

Sehr beschäftigt war ich gewesen, jedwedes Ding an seinen vorbestimmten Platz zu schaffen: die erste Stufe des Lungenautomaten an die Preßluftflasche und dann, schön der Reihe nach, den ersten Schlauch an die Tarierweste, den zweiten Schlauch mit der zweiten Stufe des Lungenautomaten in meinen Mund (um zu überprüfen, ob auch Luft herauskomme, wie ich's gelernt hatte), den dritten Schlauch mit dem Finimeter wiederum an die Weste, und den vierten, den mit dem sogenannten Oktopus, einem Ersatzmundstück für den Fall der Fälle –

– konnte ich beim besten Willen nicht finden. Suchte und suchte, bis mir einer der Tätowierten bedeutete, mich nicht so anzustellen, schließlich sei man in Jamaika:

»Don't wörry, be heepy!«

Damit befand sich demzufolge alles, wie sich's gehörte, ich biß auf das Mundstück, preßte die Hand auf die Maske, empfing einen Klaps auf dem Kopf und ... kaum war ich mit meiner ersten Taucherrolle rücklings von Bord gegangen – es klappte! es klappte! –, bemerkte man, daß ich die Flossen vergessen hatte. Unterm leis aufglucksenden Unverständnis der tätowierten Schar durfte ich mich nochmals an Bord hochstemmen.

Dann aber gab's »Deep Plane«, eine gesunkne Cessna, auf deren Pilotensitz man mit einigem Geschick Platz nehmen konnte, und keine weitere Panne; die Japaner polterten über das wenige, was es an Unterwasserwelt hier gab; der Rolex-Russe erschreckte mit seiner Kamera kleine Fische; die Südafrikaner waren vornehmlich mit sich selbst beschäftigt, wetzten mit Tauchermessern an allem herum, was nicht fliehen konnte. Daß derlei streng verboten war, wußte sogar einer wie ich; doch unser »daivmasta«, Herr Mickey, ein Rastamann von der verkifftesten Sorte, schwamm unbesorgt seiner Wege. Und ich hinterher.

Das Schönste allerdings war das Auftauchen, war die Alufolie, die sich schon während des Tauchgangs anstelle eines

Himmels über uns gebreitet hatte und der wir schließlich, unsern Luftblasen hinterher, in atemberaubender Langsamkeit entgegenstiegen.

Keine Frage, das wollte des Abends gefeiert werden: in einer Bar, der die Brandung direkt ums Fundament schlug, wir tranken »Old Freddy«-Rumpunch, und bisweilen spritzte uns die Gischt ins Glas. Ach nein, das war in Montego Bay gewesen, zu Beginn unsrer Reise, und jetzt, am Ende derselben, saßen wir an kleinen Holztischen im Sand, aßen eine Art Knoblauchgarneleneintopf, und manchmal spülte uns eine Welle über die Füße. Oh, wir feierten, und nach drei, vier Wochen auf dieser famosen Insel hatten wir Grund dazu:

- Bereits das tägliche Wettrennen der Minibusse – man preßte sich notdürftig neben die Tür, die man dabei mit einem Arm zuhalten mußte, oder zwischen zwei Doublesize-Mamas in schrillfarbnen Schlauchkleidern, während der Fahrer im Riddm des Autoradios agierte, eine lautstarke Unterhaltung mit seinen Fahrgästen pflegend, der allgemeinen Lust am Hupen gedenkend –, bereits die Abwicklung des normalen Nahverkehrs kam hier einem Überlebenstraining gleich.
- Doch auch in den verkehrsberuhigten Zonen der Blue Mountains waren wir sehr ins Schwitzen gekommen. Nicht so sehr des hutzeligen Herbergskerlchens wegen, das uns einen Jeep für die Rückfahrt ins Unterland versprochen hatte – »Suun kamm, suun kamm!« –, sondern seines uralten Funkappararats wegen, den wir, nach Stunden vergeblichen Wartens, aufspüren konnten: lediglich um festzustellen, daß er wohl schon seit Jahren nicht mehr funktionierte.

- Starke Nerven brauchte man in den Städten freilich erst recht, angesichts all der »Wotz-ap?«-Wichtigtuer, der »Mista-mista!«- oder »No-problem«-Prahler in ihren bis in die Kniekehlen hängenden Hosen, ihren Netzhemden und offnen Turnschuhen: die auf unbelebteren Straßen für manch heißkalten Gedanken gut waren, ehe sie sich dann doch bloß als »Built-a-betta-bambuu«-Bescheisser entpuppten.
- Aber heut vormittag wär's, gleich nach unsrer Ankunft in Negril, wär's fast *wirklich* zur Sache gegangen: als sich plötzlich ein riesiger Rastafari auf den Beifahrersitz unsres Taxis gezwängt und uns ohne viel Federlesens erklärt hatte: keins der Hotels, die wir aus unserm Reiseführer genannt, sei empfehlenswert. Weshalb er den Chauffeur, offensichtlich seinen Kumpel, angewiesen habe, uns an einen Ort *seiner* Wahl zu fahren, wo er uns – oh, wir wußten Bescheid. Während wir die kilometerlange Uferstraße abfuhren auf der Suche nach dem empfehlenswerten Ort, schwitzte ich vom Rücksitz aus eine Religionsdebatte herbei, und als wir auf ein Abbruchgelände am Ende der Welt einbogen, fand ich sogar Haile Selassie als Gottvater erwägenswert. Wetterte auf die westliche Welt, »die Hure Babylon«, daß den beiden die Münder offenstanden, wetterte so lange, bis sie mir die Hand schüttelten, einen Joint anboten.
- Nicht zu vergessen der dreirädrige VW auf der Rückfahrt von Appleton. Wir hatten die Rumdestillerie in allerfidelster Laune besichtigt, waren noch nicht ganz zurück auf der Bamboo Alley, wo uns ein formidabler Aussichtspunkt erwartete, da geschah's, an einer Kreuzung, daß ich ausstei-

gen mußte, wie schon oft, um nach überwucherten Hinweisschildern zu suchen. Und sich ein VW von der Anhöhe hinter uns näherte: funkenstiebend. Das heißt, zunächst näherte sich, in großen Sprüngen, eins seiner Räder, hinterher rauschte, in voller Fahrt, der Rest, direkt auf unsern Mietwagen zuhaltend, und wie ich bereits die Hände vorm Gesicht zusammenschlagen wollte, sprang das einzelne Rad links die Böschung hinab, rutschte der VW, weiterhin funkenstiebend, rechts von uns vorbei. Kam nach einigen hundert Metern zum Stehen. Worauf der Fahrer ohne Hast den Straßenrand nach etwelchen Teilen absuchte, die ihm bei seiner Fahrt auf der Radaufhängung davongesprungen waren.

Kein Wunder eigentlich, so saßen wir schließlich auf einen vorletzten Rumpunch im »Home of the Rasta Pasta«, kein Wunder in einem Land, wo man sich sogar als Tourist zügig zum Meister des Provisoriums wandelte – hätte man sich etwa ärgern sollen über das, was nicht oder kaum oder nur selten funktionierte? Wo man sich doch, wie die Einheimischen, mit einem schulterzuckenden »Suun kamm« begnügen konnte, was einem bei fortgesetzter Anwendung fast wie ein Allheilmittel vorkommen und jedenfalls das Gefühl vermitteln konnte, gegen die Überraschungen des jamaikanischen Alltags gerüstet zu sein.

Über was-nicht-alles hätte ich mich schon am nächsten Morgen wieder ernsthaft wundern können, als ich mich im Kreis der Tätowierten zu meinem zweiten Ausritt ins Meer rüstete! Allerdings hätte ich auch einen Blick dafür haben müssen, wie rüde man hier mit dem ganzen Tauchgerödel umsprang. Statt dessen beobachtete ich, wie sich die Profis in ihre eignen bunten Tauchjackets begaben, wie sie sich ihre Messer an die Unterschenkel und ihre Tauchcomputer um die Handgelenke schnallten, während ich in meiner abgeschabten Leih-Tarierweste so aussah, wie's meinem Logbuch entsprach: außerordentlich unbedeutend. Immerhin war ich beschäftigt, bis ich die Dinge an den ihnen vorbestimmten Plätzen wußte – den ersten Schlauch an der Weste, den zweiten im Mund (ah, ich hatte vergessen, das Ventil an der Flasche zu öffnen!), den dritten Schlauch wiederum an der Weste …

Diesmal ging's zu einer Höhle, während der Fahrt stritt man darüber, welches Wrack das beßre sei: die »Thistlegorm« (126 Meter lang, vollgestopft mit Geschützen, Gewehren und weiterer englischer Kriegsware, »anbiliiwabl!«) oder die »Maldives Victory« (kürzer, leer, aber in einer derart starken Strömung gelegen, daß man, »oh meen!«, wie auf einer Geisterbahn herumtauche, spätestens beim Aufstieg würden die Seile reißen). Der Himmel indes hatte sich mit verschieden grauen Schiefertafeln verstellt, und als der Anker geworfen war, beeilten wir uns, ins warme Wasser zu kommen. Dort dann das letzte Durchchecken der Ausrüstung: Mehreren Löchern meiner Tarierweste entsprudelte Luft.

Wieso ich mich eigentlich immer so anstelle, winkte man ab, sonst noch Fragen?

Keine.

Kaum waren wir abgetaucht, verteilten sich die Tätowierten und zogen ihre Messer – »Soon come«, das schien auch ihr Motto zu sein, jedenfalls blieben sie nicht etwa möglichst nah bei Herrn Mickey, wie's mir eingedrillt worden, sondern taten, wozu sie sich in ihrem dunklen Drang berufen fühlten. Wohingegen Herr Mickey? keinerlei Anstalten traf, sie zur

Räson zu bringen. Schwamm vielmehr, die Arme vor der Brust verschränkt, in langgezognen Bewegungen davon, mochten die Herrschaften hinter ihm den gesamten Festlandsockel absäbeln, schwamm Richtung Höhle. Und ich hinterher.

Sah ich etwa Thun- oder Tintenfische, Muränen oder Schildkröten, denen fürderhin mein Streben gelten sollte? Gleichwohl sah ich viele winzige Luftblasen, grüppchenweise an der Steinlandschaft hängend, und im Sand eine große Muschel. Die ich als Zeichen des neuen Lebensabschnitts in meiner Westentasche verschwinden ließ, schließlich war ich gerade auf sage & schreibe 22 Meter abgetaucht. Und zwar nicht in einem oberbayerischen Tümpel, wo man sowieso nichts sah, sondern in den »Coral Gardens«, auf direktem Wege zum »Throne Room«.

Dessen Eingangsöffnung, knapp überm Sandboden und überraschend niedrig, plötzlich vor mir lag.

Dahinter: nicht gerade eine große Höhle, gewiß nicht, und die andern ließen sich gar nicht erst in sie hineinlocken. Wie's aber mählich dunkler um mich wurde, hatte ich doch das Gefühl, einem epochemachenden Ereignis beizuwohnen: Zwar hingen von der Decke keine Hummer, die mit ihren Scheren nach mir griffen, zwar lagen vor mir keine Papageienfische, die sich zum Schlafen in ihre Schleimbeutel eingesponnen hatten, und wenn man mit dem Finger auf einen Beutel stieß, dann …

… platzte der Beutel zwar nicht, denn das sollte erst viele Tauchgänge später geschehen, in irgendwelchen andern Höhlen; was indes das Staunen betraf, so tat ich's in dieser ersten Höhle am heftigsten. Staunen vornehmlich darüber, daß ich! der Anfänger! der vor dem offnen Meer, wie's mitunter arg seltsam von seinem Grund heraufgeschimmert, früher ziemlich Respekt gehabt! daß ich nun einigermaßen verwegen, fast schon ein alter Hase, in einer Höhle herumschwamm und nichts dabei zu hören war als mein eigner Atem. Sogar die Luftblasen bewunderte ich, wie sie mir aus dem Mundstück, der Tarierweste hervorperlten und sich über mir, an der Decke, zu einem Spiegel sammelten. In dem, von vielerlei farbigen Flechten? Moosen? Korallen? umsprenkelt, kein Geringerer zu sehen war als: ich selbst.

Ein paar Minuten lang muß ich ein glücklicher Mensch gewesen sein. Als ich jedoch ernsthaft Anstalten machte weiterzuschwimmen, verschluckte ich mich plötzlich, hustete Meer aus mir heraus – hatte ich was falsch gemacht? Ein zweiter Versuch, an meinem Lungenautomaten zu ziehen, erzeugte nur ein kleines »Schlick«, das fast wie ein »Klick« klang – wiederum kam Wasser anstelle der Luft. Vor Angst, mich zu blamieren, nahm ich ihn aus dem Mund, betrachtete ihn, drückte auf die Luftdusche, und weil ihm auch jetzt nichts, schier ganz & gar überhaupt nichts entsprudeln wollte, obwohl mein Finimeter eine halbe Tankfüllung anzeigte, und weil ich doch wußte, nicht wahr, daß ich eigenhändig das Ventil geöffnet und überhaupt alles so zusammengesetzt hatte, wie sich's lehrplanmäßig gehörte: hob ich langsam zu begreifen an. Mit der Rechten faßte ich, wir hatten das im Weiher oft genug geübt, faßte ich dorthin, wo der Oktopus –

– hätte sitzen *sollen*. Und da begann ich, noch ein wenig langsamer zu begreifen; hatte ich zuvor einigermaßen empört die Luft aus mir herausgeprustet, hielt ich sie jetzt ebenso empört an. Schaute mich mit völlig andern Augen in dieser Höhle um, und eine recht lange, recht leere Sekunde war's plötzlich totenstill um mich herum

während ein paar Menschen, die in der Nacht den Berg Moses bestiegen hatten, vorbei an kleinen Feuern, um die sich Beduinen mit ihren Kamelen drängten, vorbei an letzten Schneeresten und schließlich über siebenhundert Stufen hinauf zum Gipfel: während ein paar verschwitzte Menschen, eingehüllt in Decken, der leisen arabischen Radiomusik lauschend, in einer Teehütte dem Sonnenaufgang entgegendämmerten ...

oh, das sollte nicht das einzige Mal bleiben, daß mir beim Tauchen die Luft wegblieb: Einmal, bei Ebbe vor Mahé, kam ich den Korallen unziemlich nahe, und einer der tausend Drückerfische, die so aufgeregt darin ihre Nester bewachten, griff mich in all seiner Winzigkeit an. Obwohl er anstelle von Zähnen nur sehr hart verhornte Lippen hatte, konnte ich noch am Strand die Spuren seines Bisses vorzeigen. Fast ebensosehr verblüffte mich, beim Fischfüttern vor Teneriffa, eine seltsam gestimmte Moräne, die mir partout das Bein hochschlängeln wollte, ausgerechnet mir, ausgerechnet eine Moräne! Schließlich mußte ich sie forttreten, und selbst dann verschwand sie nicht in ihrer Felsspalte, sondern folgte mir eine ganze unerquickliche Weile lang. Auch vor den Schwarzen Korallen wollte mir der Atem stocken, in 53 Meter Tiefe, als mir ohnehin schon der Glücksrausch zu Kopfe stieg – und mir mein einheimischer Begleiter ohne weiteres Aufhebens ein Stück Koralle abbrach: höchstverbotnerweise. Als Erinnerung, wie er späterhin erklärte, schließlich würde er hier noch öfters vorbeikommen, ich hingegen nicht.

Ja, den Atem sollte's mir immer mal wieder verschlagen.

Aber nie so nachhaltig wie im »Throne Dome« vor Jamaika.

Trotzdem bekam ich gar nicht recht mit, was passierte. Das heißt: was *nicht* passierte, daß nämlich keine Luft mehr aus meiner Flasche kam, begriff ich sehr wohl; daß es mit dem Begucken der Flechten? Moose? Korallen? demnach ein rasches Ende haben mußte, wohl auch; und daß es in einer Höhle möglicherweise nicht ganz einfach sein würde mit dem sofortigen Auftauchen, erst recht. Was dagegen *passierte*, daß ich nämlich drauf & dran war, nunja, daß ich »um ein Haar« ... wie hätte ich das wissen sollen, wo ich doch erst zum zweiten Mal im Meer unterwegs war?

Schossen mir in diesen wilden Sekunden etwa Bilder durchs Gehirn, völlig unpassende Bilder von zerstückelten Thunfischen, von Ochsenaugen, geschälten Kuhfüßen, zerschmetterten Katzenkörpern? Oh nein, nichts, nichts schoß mir durchs Hirn, abgesehen davon, daß mir irgendwer von weither »Suun kamm, suun kamm« zuflüsterte, »Suun kamm, suun kamm«. Erst als ich das hintere Ende der Höhle erreicht hatte, merkte ich, daß ich trotz der Stille in mir und um mich herum, »Suun kamm, suun kamm«, die ganze Zeit weitergeschwommen, ach was, mit aller Kraft weitergeschwommen war.

Eine andre Möglichkeit hätte ich ohnehin nicht gehabt, die Südafrikaner waren ja nicht mitgekommen. Jedenfalls hatte ich keinen von ihnen entdecken können, bei meinem hastigen Rundumblick. Dafür hatte ich was andres gesehen, in der langen leeren Sekunde danach, am hintern Ende der Höhle, hatte einen kleinen kreisrunden Lichtstreifen gesehen, einen Herrn Mickey, wie er gelassen in den Lichtstreifen hineinglitt, die Arme vor der Brust verschränkt, einen Herrn Mickey, wie er im Lichtstreifen empor- und aus ihm herausglitt, sah ihn auch weiterhin vor mir, wie er für einen Augenblick dort aufgetaucht und gleich wieder verschwunden war, vielleicht, weil er von Amts wegen berufen war, »Suun kamm, suun kamm«, einen Ausweg zu weisen.

Und weil's folglich gar keine andre Rettung geben konnte, schaffte ich's. Erreichte den Lichtstreifen, zwängte mich durch den Spalt, wahrscheinlich jede Menge Kleinteile, belebte wie unbelebte, dabei vom Felsen tretend, holte Herrn Mickey schon wenige Meter hinter der Höhle ein. Konnte ihm, »Suun ...«, sogar noch das vorschriftsmäßige Zeichen geben, eine flach gegen den Hals geschlagne Handkante, wartete sogar noch ab, wie ich's gelernt, bis Herr Mickey eingeatmet hatte. Dann begann er sich plötzlich um seine eigne Achse zu drehen, kippte der Aluminiumhimmel unter mich, wurde's ein wenig dunkler, hatte ich trotzdem sein Mundstück im Mund, die zweite Stufe seines Lungenautomaten: und es ward Luft.

Viel Luft.

Während Herr Mickey um mich herumwirbelte, umbraust von Luftblasen, während Herr Mickey damit beschäftigt war, oben und unten zu verwechseln, entdeckte ich seinen Mund, vor dem jetzt wieder der Lungenautomat saß, und indem wir uns beide ein letztes Mal drehten, begriff ich bereits, daß es klappte – Wechselatmung, Wechselatmung! – daß es klappte. Weil sich die Luftblasen nunmehr entschlossen in eine Richtung treiben ließen, folgten wir ihnen, regelmäßig einander den Lungenautomaten reichend, mir schien's sogar, als ob mich Herr Mickey dabei angrinste. Als wir den Deko-Sicherheitsstop in drei Meter Tiefe einlegten, exakt nach Vorschrift, schimmerte uns die Wasseroberfläche wie ein dunkelgrünes Seidentuch entgegen, perlenbestickt, und als wir sie erreicht hatten, schlug uns ein warmer Regen ins Gesicht.

Von diesem Moment an war ich der Held des Bootes, ach was, der gesamten Tauchschule, ja mir wollte's scheinen: des ganzen Strandes – von nun an galt ich als Profi. Herr Mickey erklärte jedem, die Kunst der Wechselatmung sei keine geringe, im Gegenteil, die meisten würden sie im Ernstfall nicht mehr beherrschen und einander, panikbeseelt, mit Macht das Mundstück aus den Händen reißen: so daß meist einer der beiden auf der Strecke bleibe. Ein derart geordnetes Auftauchen dagegen wie das aus dem »Throne Room« nötigte ihm mannigfaltige Beifallsbekundung, dem Rolex-Russen ein kurzes Kopfnicken und den Tätowierten akustische Signale ab, die dem Englischen nicht unähnlich waren. Selbst das Schweigen der beiden Japaner nahm ein ehrfurchtsvolles Grundrauschen an.

Des Nachts träumte ich von Strömungstauchgängen durch Unterwasserwälder, von langen leeren Wracks und gewaltigen Stachelrochen, die am Rande des Riffs lagern und auf denen ich reiten würde, hinab in noch blauere Tiefen, »Suun kamm, suun kamm«, träumte von Begegnungen mit Riesenkraken und weißen Walen und Haien: Nachts träumte ich.

Als ich am nächsten Morgen auf den Balkon trat, um die Welt zu begrüßen, fiel mein Blick auf die große Muschel, die ich aus den »Coral Gardens« mitgebracht und, trunken von Glück, am Vorabend dort deponiert hatte. Neben ihr lag leblos ein Krebs, der ihr im Schutze der Dunkelheit entkrochen war, um zu sterben, jedenfalls hatte er bereits seine Scheren von sich geworfen, und als ich ihn vorsichtig mit einer meiner Flossen anstupste, rührte er sich nicht. Natürlich nahm ich ihn samt Muschel ins Meer zurück, aber ich fürchte, das hat ihm nicht mehr viel genützt.

Buddhas goldner Schließmuskel

World's End, September 1998

Es ist nicht etwa so, daß wir dem Mönch alles glaubten. Genaugenommen, glaubten wir ihm nicht mal, daß er Mönch war – auf einen kahlgeschornen Schädel, ein Hin- und Herwiegen desselben bei gleichzeitigem Bezupfen der orangeroten Robe (»Ixkjuus mi, söa: monk! monk!«), darauf waren wir längst nicht mehr bereit hereinzufallen und folglich eine ganze Weile mit Abwinken beschäftigt. Im Lauf der Nacht jedoch, im zerbombten Speiseraum des »Queens« und nach Verkostung diverser Arrakflaschen, erlahmte unsre Widerstandskraft auch diesmal – in einem Land, wo man keinen einzigen Schluck nehmen und keinen einzigen Schritt machen konnte, ohne daß sich einer dazugesellte, von der Völkerfreundschaft zu künden, von seinem kranken Kind, seiner sterbenden Frau, Mutter, Großtante, vom heiligen Bodhi-Baum, dem's an Blättern, vom Elefantenwaisenhaus, dem's an Elefantenwaisen, an Elefantenwaisenwärtern und überhaupt an allem fehle: woraufhin, selbst wenn man den immergleichen Abzockerzweck solch völkerfreundschaftlicher Lamentos durchschaute und sich durch weltmännisches Gelächter zu entziehen suchte (»Ixkjuus mi, söa: jur stori no guud!«), woraufhin man regelmäßig zur Kasse gebeten wurde.

Da machte unser Mönch keine Ausnahme: Sein Vater sei Besitzer einer Teeplantage; morgen früh fahre er mit dem Bus, ihn zu besuchen, und würde gern die Gelegenheit nutzen, ein Kilo Broken Orange Pekoe kostprobehalber an unsre Heimatadressen zu schicken – feinste Qualität und als Geschenk, versteht sich. Sofern! wir ihm vorab das Porto erstatten würden (»Ixkjuus mi, onli tuuhandredeti rupis onli!«). Als ihm der eine oder andre schließlich, halb noch einer Hoffnung sich hingebend, halb schon in sein Touristenschicksal sich fügend, drei dieser verschmuddelt verknuddelten Hundertrupienscheine zugeschoben hatte, steckte sie der Mönch genauso selbstverständlich und gewissermaßen unschuldig ein wie jeder der Völkerfreunde vor ihm: tapfer der Versuchung widerstehend, das Wechselgeld herauszugeben.

Also saßen wir im »Queens«, einem dunkelmuffigen Kolonialhotel im Zentrum von Kandy, saßen, ein Häuflein aufgeschreckter Touristen samt buddhistischem Bettel- oder eigentlich: Abzockermönch, saßen beim Arrak, den der Nachtportier beschwichtigend verteilte, während draußen, auf nächtlich leerer Straße, der Mann am Preßlufthammer in großer Gemütsruhe preßlufthämmerte. Obwohl er doch schuld war an der Geschichte.

Begonnen hatte sie mit der Prozession zu Ehren der wichtigsten, der heiligsten Reliquie, begonnen hatte sie mit der Feier eines Zahns, der alljährlich Zehntausende von Zahnverehrern aus der ganzen Welt zustreben, begonnen hatte sie mit dem Festumzug durch Kandys, der alten Königsstadt, festumzüglich geschmückte Straßen – den wir ausnahmslos übrigens verpaßt hatten. Zwar waren, nach Ansicht des Portiers, die Elefanten wohl diesmal nicht gar so prachtvoll zurechtgeschmückt gewesen wie die tausend Prozessionsjahre zuvor, schließlich hatten die Tamil Tigers, seit Jahren vergeblich für einen eignen hinduistischen Staat im Norden der Insel kämpfend, wenige Tage vor Zahnverehrungsbeginn eins ihrer Selbstmordkommandos fast bis ins Ziel gebracht: hatten die letzte Straßensperre vor dem Tempel durchbrochen, in dem Buddhas linker? oder rechter? jedenfalls oberer Eckzahn bis zum Beginn der Feierlichkeiten verwahrt wird, ehe sie, von mehreren Polizeikugeln getroffen, mitsamt ihrem Auto, dem halben Tempeldach und der darunter befindlichen Palmblattbibliothek in die Luft flogen.

Dennoch hatte sie stattgefunden, die Prozession. Obwohl im Regierungsviertel der Hauptstadt, beinah zeitgleich, eine weitere Bombe hochgegangen war und obwohl's landauflandab, den zahlreich herumlungernden Regierungssoldaten zum Hohn, immer mal wieder krachte, daß die Fetzen flogen: auch im Frühstücksraum des legendären »Queens«, wo wir seit Mitternacht nun schon saßen und tranken, weil ... die Zimmer im »Queens« fast ausnahmslos nach vorne gehen, auf die Hauptstraße zu, die Hauptstraßenrandbäume, in deren Kronen tagsüber die Raben herumschreien, auf den See und die Berge dahinter, an denen die Stadt emsig hinauf- und der Dschungel emsig herabwuchert, und weil! die Telephongesellschaft der Inselrepublik ausgerechnet jene Nacht dazu bestimmt hatte, die Straße aufzureißen. Mittels eines einzigen Preßlufthammers. Der freilich locker ausreichte, um die wenigen Gäste des Hotels an der Rezeption zusammenzutreiben; und da sich der Abgesandte der Telephongesellschaft durch den heftig um ihn herumhantierenden Nachtportier nicht aus der Ruhe und erst recht nicht von seiner Arbeit abbringen ließ, schloß man uns schließlich den Frühstücksraum auf, um dort – wenn nicht Frühstück, so immerhin scheußlich scharfen Arrak bereitzustellen. Auf Kosten des Hauses, wie wir glaubten und entsprechend, die Schutthalden wirkten im Halblicht nicht unromantisch, die wenigen verbliebnen Fensterscheiben klirrten, und entsprechend draufloszechten:

War doch schon das bislang in diesem Land Erlebte meist nur »nervig« oder gar »ein Totalflop« gewesen, wie man sich bald mit den paar versprengten Bed-and-Breakfast-Briten, den Rucksackfreaks aus Werweißwo und, vor allem, mit den Pauschalurlaubsdeutschen verständigte: in diesem Sri Lanka, wie man's per Regierungsdekret neuerdings nennen wollte – »auch so 'ne Farce«. Ihr Land heiße nun mal Ceylon, hatten uns die Einheimischen versichert: Ceylon bzw. Lanka; die Politiker (»Sis piipel tschitin as hol laif«) sollten lieber ordentlich arbeiten, statt sich auf Etikettenschwindel zu verlegen. Und die solcherart Beschwindelten selbst? die einem bereits auf dem Flughafen und dann, in jeder Stadt aufs neue, beim Verlassen der Züge, der Überlandbusse, der Taxis und der Tuktuks auflauerten? die einen erst ins Guesthouse ihres Bruders (»Tschiip-tschiip, medem!«), anschließend zu etwelchen herumliegenden, -sitzenden, -stehenden Steinbuddhas verschleppten (»Wää ju wont, söa?«), schlußendlich jedoch ins Geschäft ihres Onkels (»Oonli luk, oonli luk!«), wo man zwischen rotlackierten Holzelefanten und palmblattbedruckten T-Shirts zu wählen hatte? Sie wußten sich ganz offensichtlich zu behelfen, die Einheimischen, und wenn sie einen nicht mit irgendwelchen frei erfundnen Geschichten bedrängen konnten, um an die Rupien (oder gleich an die Dollars) ranzukommen, kassierten sie eben zehn- bis hundertfach überhöhte Touristeneintrittspreise: Gründe und Abergründe genug, sich einmal so richtig auf Kosten dieses Landes zu besaufen.

Wäre da nicht plötzlich der Mönch gewesen, das heißt, wäre man sich nicht plötzlich uneins gewesen über die größte, die definitive Sehensunwürdigkeit des Landes. Noch am Vorabend hatte man sich nämlich, so die eine Hälfte unsrer Arrakrunde, der Vorführung der berühmten Kandy-Tänze unterzogen: bei laufendem Generator, dessen unüberhörbar mächtige Energien in tonbandmusikalische Folklore umgesetzt wurden. Leider hatte sich die Musik zu keinem Zeitpunkt gegen die dröhnende Bedingung ihrer Möglichkeit durchzusetzen vermocht – außer Rand & Band geraten und in der Hoffnung, man möge für kriegerische Exotik nehmen, was doch nichts als tolldreistes Herumgehopse war, holperten die Tänzer durcheinander, jeder für sich und der Generator gegen alle.

Noch am Vortag hatte man aber auch, so die andre Hälfte unsrer Arrakrunde, den berühmten Kandy-Tempel besichtigt: und also ebenjenen Zahn, der im Lauf der buddhistischen Rückzugsgefechte vom indischen Festland auf die Insel gerettet und dort, im wechselnden Kampf gegen nachrückende hinduistische Herrscher, zuerst im flachen Norden, schließlich im zentralen Bergland aufbewahrt worden. Einen von insgesamt *vier* Zähnen, die man – zusammen mit einem Schlüsselbein – in der Asche des Erleuchteten gefunden, kaum daß er sich, vor zweieinhalb Jahrtausenden, ins Nirwana meditiert hatte. Als er dann doch mal von einem Ungläubigen erbeutet worden, der hochheilige Zahn, und unter den wohlgefälligen Blicken sämtlicher zehntausend Hinduhauptgottheiten zerhämmert wurde: da lachte sich der singhalesische Nationalstolz heimlich ins Fäustchen, denn der richtige, der echte, der einzig in Händen seiner Jünger verbliebne Buddhazahn war längst ein paar Täler weitergeschafft worden und das zermalmte Exemplar nichts als eine Kopie, an der sich Eroberer gern abreagieren durften. Selbst während der portugiesischen, der holländischen, der britischen Kolonialzeit hatte man den Zahn allenfalls vorübergehend aus den Augen verloren: Immer wieder war er segensreich aufgetaucht, immer neue Tempel hatte man ihm errichtet, und nun kostete es zehn Rupien für Einheimische und hundertfünfzig für Touristen, wenn man ihn sehen wollte. Das heißt, und das war's ja gerade: wenn man ihn *nicht* sehen wollte, denn dort, im berühmten Kandy-Tempel, ruhte er zwar, ruhte auf einem goldnen Lotoskissen und, zusammen mit diesem, in sieben ineinandergeschachtelten Behältnissen, aber, und das war's ja gerade, das hochheilige Ensemble aus Gold, Zahn und siebenfacher Verpackung ruhte wiederum in einem Schrein, an dessen vielfach verzierter Tür man höchstens Blumen ablegen konnte: denn sie war, bis zur nächsten Prozession, und blieb verschlossen.

Wäre der Mönch nicht gewesen – ein Mitglied des strengen Sanghalabambarakandaordens, wie er mehrfach versicherte –, der Rest der Nacht hätte sich wohl als Wortwechsel darüber gestaltet, welches als der größte, der finale Ceylon-Flop gelten dürfe, Tanz oder Tempel. Allein der Mönch, der bislang bloß dabeigesessen und, mal mit dem linken, mal mit dem rechten Sandalenfuß, im Schutt herumgestochert hatte, wußte's uns schon mit seinem ersten Satz zu geben:

Wie man sich denn über sein Land belustigen könne, wenn man von dessen *aller*größter Sehenswürdigkeit ganz offensichtlich nicht mal eine Ahnung hätte?

Allergrößte Sehenswürdigkeit? Hört hört. Direkt daneben, er solle's lieber gleich gestehen, betreibe sein Sanghalabambaradingsbumsorden ein äußerst günstiges Guesthouse, »Tschiip-schiip, hä?«, einen äußerst günstigen Souvenirladen und –

»Noo gesthaus seer! Noo turist seer, neva!«

Dermaßen vielgliedrig gestikulierte der Mönch auf uns ein, daß wir ihm sofort heftig Glauben schenkten, ja mehr noch, daß wir sofort unterstellten, er sei nicht annähernd so betrunken wie wir:

Dorthin würden Touristen sowieso nie finden!

Und die lieben Einheimischen?

Genausowenig. Denn die allergrößte Sehenswürdigkeit, das sei selbstverständlich auch die allerheiligste und demzufolge: die am besten behütete, um nicht zu sagen, versteckte, um nicht zu sagen –

Na was denn? Das sei?

Der Schließmuskel Buddhas.

Wie bitte?

Der Schließmuskel Buddhas.

Wie bitte?

Es war nicht etwa so, daß wir jedem in diesem Lande sofort Glauben schenkten, gewiß nicht; und daß der Mönch mindestens so viel getrunken hatte wie wir, das sah man denn doch. Wahrscheinlich würde er gleich mit großer Geste ausholen, würde uns mit vielgliedrigen Schließmuskelbelehrungen, Schließmuskelweisheiten zu zermürben suchen, um dann am

Ende seiner Erörterungen, wenn man vom völkerfreundschaftlichen Verständnissimulieren schon ganz müde und mißlaunig war, um dann rauszurücken mit der letzten, der *aller*letzten Wahrheit, die er für unsereinen übrig hatte: Und nun zahlt gefälligst! Zahlt für Buddhas Zahn und seine sieben Umhüllungen, zahlt für Buddhas Schließmuskel und seine sieben mal sieben Umhüllungen, zahlt, weil ich davon erzählt, und zahlt, weil ich davon auch wieder geschwiegen habe, ja, zahlt insbesondre dafür, daß ich austrinke und verschwinde.

Also ließen wir ihn reden, und richtig: Bald schon ging's ans Abkassieren, »Ixkjuus mi, onli tuuhandredeti …«, tapfer widerstand der Mönch der Versuchung, zusätzlich zu den Rupien für seine Portokasse noch ein kleines, gewissermaßen persönliches Aufgeld einzutreiben, und dann –

– trank er trotzdem nicht aus und verschwand, sondern legte erst richtig los, »Tschias«! Für Normalgläubige sei der Zahn des Buddhas zwar das Allerheiligste; für Eingeweihte freilich, für eine mehr oder weniger geheimbündlerische Elite, für die sei's – immerhin eine recht akzeptable Reliquie. Die *eigentliche* Sache indes, das Ding an sich für jeden Kenner, der Augenöffner für den, der zu höherer Erkenntnis strebe, der habe sich –

Na was denn?

das habe sich –

Nun?

die habe sich *zusätzlich* zu den vier Zähnen in der Asche des Erleuchteten gefunden: ein »Schlüsselbein«, wie's exoterische Quellen schamhaft stets umschrieben. Das im Haupthaar einer indischen Prinzessin vor tausend, ach was: vor zweitausend Jahren auf die Insel geschmuggelt und dort nicht etwa gleich mit einem Tempel umbaut, neinein, sondern ins Hochland geschafft und versteckt worden. Ins *unzugängliche* Hochland, wo man's in aller gebotnen Ehrfurcht erst mal vergoldet habe und mit sieben –

»– Oh jes, ledis en dschentelmen, most holi ässhol of se Buddha nau is golden ässhol, oh jes, ai spik truss, hooli truss! Än ju – ju spik for nju bottel?«

Gut, an Arrak sollte's, obendrein, da er auf Kosten des Hauses ging, nicht fehlen, selbst wenn einer von uns bereits dazu übergegangen war, das surrende Singsang-Pidgin des Sanghaladingsbumsmönchs zu imitieren. Während ihm ein andrer, den Part des abschätzig-jovialen Weltmanns übernehmend, die Schulter betätschelte, »Ixkjuus mi, jur stori no guud«. Von draußen, der Straße, strömte erstaunliche Stille inzwischen, nur selten zerknattert von einem Lastwagen, strömte die große Ruhe, wie sie dem Morgen vorangeht; hinter den Baumkronen, jedenfalls durfte man sich das einbilden, verdunstete in zarten Schichten Grau auf Grau auf Grau. Hätte dazu auch noch ein Rabe aufgekrächzt, man würde sich erstaunt in die geröteten Gesichter gesehen und: zur Nachtruhe begeben haben. So aber krächzte eifrig der Portier, indem er die gewünschte Flasche herbeiwatschelte (»Telekom finischd, söa, noo problem«), so aber blickte man bloß auf den Mönch:

Ob wir wenigstens von World's End gehört hätten?

Oh, das hatten wir. Einige aus der Runde waren sogar dort gewesen, an einem Steilabfall der Horton Plains, wo man – vorausgesetzt, die Nebel zogen sich für einen Moment zurück – ganz unvermittelt tausend Meter tiefer blicken konnte: ein absolut schwindelerregendes Erlebnis, wie man versicherte, und ausnahmsweise garantiert kein Flop. Der Mönch, zustimmend seinen Schädel wiegend, ließ sich zu einem weiteren »Tschias!« hinreißen: Ebendahin, ans Ende der Welt, habe man den goldnen Schließmuskel geschafft, in einer sieben-mal-siebenfachen Umhüllung aus diversen Kostbarkeiten, versteht sich, und von da ...

Als wir die Flasche geleert hatten, strömte von draußen, der Straße, schon das normale Leben, man erfreute sich am Aufheulen der Motoren, am Klang der Hupen, fuhr mit maximaler Geschwindigkeit in den Tag. Hätten wir rausgesehen auf den See, er wäre ein Glitzern gewesen, ein Gleißen. Hätten wir rausgesehen auf die Berge, sie wären ein Schillern gewesen, ein Dampfen. Statt dessen saßen wir, ein letztes Häuflein des Häufleins, und beschwiegen die Wegskizze, die der Mönch, in mehreren Anläufen sich verbessernd, aufs Innre einer Zigarettenschachtel gekritzelt hatte: Dort, wo sie mit einem kleinen Kugelschreiberkringel endete, so der Mönch in großem abschließenden Arrakpathos, bevor er zur Bushaltestelle davongeschwankt, dort würden wir, er sei sich sicher, der Erleuchtung teilhaftig werden. Und über Sehens- wie Sehensunwürdigkeiten seines Landes zu einem andern Urteil gelangen.

Zunächst einmal gelangten wir aber noch ins Bett; den darauffolgenden Abend verbrachten wir damit, uns zu streiten. Am übernächsten Morgen – gewiß, wir hätten gar nicht erst losfahren dürfen, es war, bei Tag betrachtet, ja mehr als offensichtlich, daß uns der Mönch, nunja, verarscht hatte, daß er sich schadlos an uns gehalten, die wir nur Spott & Hohn übrig gehabt für das, was ihm wichtig und jedenfalls mehr als ein bloßer Zahn war –, am übernächsten Morgen begaben wir uns, ein allerletztes Häuflein des Häufleins, zum Zug in Richtung Horton Plains. Nicht ohne zuvor die Rechnung für sämtliche Arrakflaschen samt Nachtzuschlag – »Noo tschokin, söa« – beglichen zu haben.

Am Bahnhof hielt man uns ein paar Stunden lang im Ungewissen, ob die Fahrt heute überhaupt stattfand; als sich tatsächlich ein entsprechender Zug in Bewegung gesetzt hatte, hingen wir (mitsamt herumhangelnden Fischsamosa-, Limonensaft-, Ingwerbier-, Cashewkernverkäufern) in verschiednen Türöffnungen, ein Bein auf dem Trittbrett, das andre knapp neben der Spur, no problem. Die endlos sich hügelnden Teefelder, von denen die Einheimischen den Broken Orange Pekoe herunterzupften, sahen wir auf diese Weise lediglich als ein dunkles und, je nach Bezupfungsstadium, helles Grün. Später, als der Fahrtwind bereits merklich kühler wehte und uns vom Schaffner Sitzplätze angewiesen worden (wir hatten ihm die Hand mit einem Hundertrupienschein verschlossen), später sahen wir's mitunter orchideenhaft, kletterrosenhaft aufleuchten im Grün. Um vier Uhr nachmittags war Ohiya erreicht, eine kleine Zusammenstellung von Brettern und Wellblech. Äußerst schweigsam blickten wir dorthin, wo der Zug zwischen den Bergen verschwand, eine schwarze Rauchwolke zerschwebte in einem klaren, kalten Himmel.

Schwer war's dann nicht, die beiden Läden zu finden, von denen der Mönch gesprochen, sie lagen, nur durch eine verschlammte Fahrspur von den Gleisen getrennt, direkt an der Bahnstrecke. Weitere drei Hütten später war Ohiya zu Ende. Folglich versorgten wir uns mit Reiskuchen, Trockenfischbällchen, Wasser, aber der einzige Wagen des Ortes wollte sich währenddem nicht blicken lassen.

Als wir ihn eine Viertelstunde bergab des Wegs fanden – und nur deshalb fanden, weil ihn der Mönch fest versprochen hatte –, einen mit letzter Kraft an sich haltenden Blechhaufen, der in seinem frühern Leben ein Kleinlastwagen gewesen sein mochte, stand der Fahrer freilich schon direkt daneben, als habe er uns erwartet, fröhlich sein ziegelrotes Zahnfleisch bleckend. Während wir ihm was von einem Serpentinenweg erzählten, der hoch in die Horton Plains führen, und von einem Guesthouse, das es dort oben geben müsse, einen Fußmarsch entfernt vom Ende der Welt. Seinen Speichel mit ziegelrot leuchtenden Zähnen bekauend, seinen Speichel unter Zuhilfenahme von Luft, die er sich laut tönend aus dem Hals hervorgleiten ließ, zwischen den Zähnen rollend, seinen Speichel in plötzlich rasselndem Entschluß knapp neben den Schrotthaufen gebend, von wo er als ein großes, fest zusammenhängendes Stück Spucke ziegelrot glänzte, verlangte der Fahrer nicht etwa fünfhundert, wie vom Mönch prophezeit, sondern sechshundertfünfzig Rupien. Zu schweigen von den fünfzig Rupien Wechselgeld, die er, den Gepflogenheiten des Landes gemäß, gleich einbehielt.

»Oke, ju draif gesthaus, sen wi gif ju manni.«

»No, föast ju gif manni, sen draif.«

Bevor dies allerdings geschah, wurde gebetet. Man legte die Hände still zusammen und den Kopf aufs Lenkrad, dann ließ man den Blechhaufen, der sofort mit sämtlichen Teilen das Lärmen anhob, so lange talwärts rollen, bis ein Ruck durch ihn ging und sein Innerstes vernehmlich aufgrunzte: Da lachte er, der Fahrer, lachte uns mit rötlich eingetrübten Augäpfeln an, schob sich eine frische Packung Betel in die Backe, lobte sein Fahrzeug, das noch immer talwärts hüpfte, eine Fehlzündung an die andre reihend, lobte und dankte und pries und kaute.

Trotzdem kamen wir an, eine grasgelbe Hochfläche unter einem grau herunterfallenden Himmel, und als wir im Schlafsaal lagen, wurde's kalt. Ein kleiner Regen trillerte aufs Guesthouse-Dach. Mit großen Sprüchen fröstelten wir uns Mut zu:

»Schon merkwürdig, daß ausgerechnet der Obermufti von diesem Sanghaladingsbumsorden in der Pampa hockt, ich mein, is doch komisch, daß ausgerechnet *der* diesen Scheißjob hat, son Arschloch zu bewachen.«

»N *goldnes* Arschloch.«

»Golden soll ja nur die Umhüllung sein, die Fassung sozusagen, der Rest is n ganz normales Arschloch. Bloß halt n bißchen antik.«

»Sowas is doch kein normales Arschloch, Mann! Nee-nee, da muß noch was andres dran sein, daß die dermaßen ne Chefsache draus machen.«

Aber das war jetzt nicht mehr zu entscheiden. Ebensowenig wie die Frage, ob man einen Schließmuskel, und sei's einen heiligen, überhaupt konservieren konnte. Im Grunde hätte uns all das auch früher einfallen können.

Um fünf Uhr weckte man uns, schließlich sollten wir den berühmten Sonnenaufgang nicht verpassen, ein unvergeßliches Erlebnis, wie man versprach. Zwölf Eintrittsdollar pro Person hatten wir zu entrichten, ehe wir den Schlagbaum passieren durften, der Wildhüter warnte uns vor Leoparden, wir warnten den Wildhüter vor einer Anzeige als Wegelagerer. Grau lag die Steppe, der Regen fiel sehr fein, und beim Erreichen der ersten Weggabel und danach im Urwald war alles so, wie vom Mönch vorausgesagt. Farne, Flechten, Wurzeln, jedwedes Busch- und Blätterwerk. Ein kleiner nackter einäugiger Hund, der uns mit Touristen verwechselte und sich anschloß.

Nach einstündigem Fußmarsch dann World's End: ein lückenlos sich wälzender Nebelhaufen anstelle eines Sonnenaufgangs, nicht ganz so fein mehr fiel der Regen, lustlos bewarfen wir den Hund mit unsrer Frühstücksration Trokkenfisch. Die Wolken über uns waren der Nebel unter uns waren der Dschungel hinter uns waren der Dschungel vor uns. Irgendwo darinnen darunter dahinter davor, ein leicht surrealer Ausblick wohl an normalen Tagen, mußte das flache Land liegen, mußten die Strände liegen mit ihren Ayurveda-Paradiesen, wo man sich in duftlampengeschwängerter Seelenruhe die Stirn mit Öl beträufeln oder den Puls massieren und dabei auf die Spur kommen ließ, mit welchem der Elemente man eine innre Verwandtschaft pflegte. Um anschließend Lotoswurzeln mit Ingwer zu verspeisen, warmes Wasser zu trinken, der Brandung zuzuhören und an ungesunde aufregende Dinge zu denken. Wohingegen wir hier ...

»Läßt sich nich übersehen, wir sind am Arsch der Welt.«

»Aber noch nich am Arsch des Erleuchteten.«

Die zweite Nacht verbrachten wir, zusammen mit dem Hund, der beharrlich hinterher- oder vorausgelaufen, in einer kleinen Schutzhütte, die von kolonialbritischen Leopardenjägern im letzten Jahrhundert gebaut und von streunenden Wildhütern? Schließmuskelpilgern? Vollidioten wie uns? inzwischen als eine Art überdachte Müllhalde eingerichtet worden. Alles war so gekommen, wie's der Mönch vorhergesagt und in seiner Zigarettenschachtelskizze dokumentiert hatte, wäre der Regen nicht gewesen, wir hätten's wahrscheinlich als Abenteuer gelten lassen: die melancholisch braunen Moorlandschaften, nebelbedunstet, in denen ferne Flecken mit und ohne Geweih zu ahnen waren, den über uns zusammenschnurrenden Dschungel mit seinen Schatten, seinem Knacken, seinen plötzlich aufrauschenden Wasserfällen, mit seinem Trampelpfad, der sich immer häufiger in ein Bachbett verwandelte, den Luftwurzeln, die nach unsern Gesichtern griffen, dem Regenwasser, das uns die Hosenbeine schwer und dunkel machte. So viel rote Erde, so viel trotzigkrummes Gehölz, so wenig Himmel. Und kein einziger Rabe, der darin herumgeschrien hätte. Statt dessen ein Hund, der uns mit seinem Auge anzublicken wußte, bis wir ihn mit Bananenschalen, Reisbällchen, unflätigen Bemerkungen versahen.

Sollten wir nicht endlich aufgeben, umkehren, die Schmach uns eingestehen?

Bloß das nicht. Eifrig führten wir Absurditäten ins Feld, die uns der Glaube andernorts bereits beschert hatte:

- in der Tempelanlage von Kamakura, wo's Tausende von Miniaturbuddhas gab für abgetriebne Kinder und Frühgeburten;
- in der goldnen Shwedgon-Pagode zu Rangun, wo man einen extra Meerschweinchenbuddha für Freitagsgeborne begoß, wo man steinerne Götterbilder massierte und mit Zigaretten versorgte;
- nicht zu vergessen die Hindus im benachbarten Indien, die

ihre riesenhaften Hanuman-Statuen regelmäßig frisch einbutterten

- oder, beim Erntedankfest auf Mauritius, sämtliche Gottheiten im See wuschen, um dann einen schwarzen Phallus-Stein mit Kokosmilch abzureiben, mit Zucker, Honig, Öl und Joghurt –

– oh, was war dagegen Buddhas, naja, Schließmuskel! Durchnäßt lagerten wir, hungrig, klamm, lagerten unterm Dach der Müllhalde und versicherten einander unsrer Unverzagtheit. Ab & an raschelte es durch die Nacht und wir waren sicher, im nächsten Moment Leopardenbekanntschaften zu schließen. Ein paar atemlose Sekunden später wurden wir wieder unsicher: Gesetzt, der Mönch hatte uns *kein* Schlüsselbein aufgebunden, sondern in seinem Eifer, uns zum Bessern zu bekehren, hatte was verraten, das er niemals hätte verraten dürfen?

Dann nur, weil er noch betrunkner gewesen als wir.

Dann nur, weil er inzwischen dafür gesorgt, daß sein Allerheiligstes ans *entgegengesetzte* Ende der Welt geschafft worden.

»Und wenn uns morgen sein Obermufti fragt, wer uns denn auf diese Schnapsidee gebracht hat, dann quatschn-wa dem zumindest n paar Gratiskilo Tee auf.«

»Onli tuuhandredeti rupis onli!«

Das freilich fragte er gar nicht, der Obermufti, als wir ihn, wenige Nebelstunden von unsrer Müllhalde entfernt, vor einem Arrangement aus Brettern und Wellblech aufstöberten: fragte überhaupt nichts, lächelte lediglich, als habe er uns erwartet, wiegte den kahlgeschornen Schädel zu allem, was wir sagten, beäugte uns sehr aufmerksam, sehr freundlich. Würde er gleich in Gelächter über uns ausbrechen, über unsre touristentölpelige Gutgläubigkeit? Würde er uns reihum die Hand auf die Brust legen und ob unsres unbeirrbaren Strebens segnen? Oder sich mit Hilfe eines leisen Summtons vom Boden lösen, davonfliegen an einen Ort, wo er das Allerheiligste eine Zeitlang sicherer wußte vor den Zudringlichkeiten der Ungläubigen? Oder wunderte er sich schlichtweg über unser verschladdertes Aussehen, überlegte sich in Ruhe, bei welcher unsrer sieben mal sieben Bachüberquerungen wir wohl derart baden gegangen?

»Hej, män, letz häv ä luk ät jua bladdi ässhol«, schlug einer von uns schließlich vor.

»Ät jua *golden* ässhol«, skandierte der Rest, und der oberste Priester des Dingsbumsordens – so er's denn war – wiegte dazu seinen Kopf, streichelte den kleinen nackten einäugigen Hund, der eifrig an ihm emporsprang, lächelte:

»Golden – wot ju sä?«

»Golden ässhol, golden ässhol!«

»Golden – wot?«

Hatte man uns also doch belogen, damals in Kandy, hatte uns ins Leere laufen lassen, und am Ende war alles mal wieder bloß »nervig« und »ein totaler Totalflop« gewesen? In unsrer Not begannen wir, mit den Zeigefingern auf das zu deuten, was bei uns zwar nicht golden, aber immerhin ganz unzweideutig schlüsselbeinern war, so einfach ließen wir uns nicht abfertigen:

»Buddha finischd, Buddha däd, Buddha bin börnt, and sen? Wot left? Männi-männi holi tuus. Änd won? onli won holi ässhol, moost holi ässhol: Häv-häv?«

Der Mönch wiegte seinen kahlgeschornen Schädel, lächelte, deutete in die Nebel, die justament sich zu lichten begannen: Direkt hinter seiner Klause fiel das, was wir für den unendlichen Trampelpfad durch eine unendliche Steppen-und-Dschungel-Geschichte gehalten hatten, senkrecht in die Tiefe und war mit Sicherheit auch eine Art World's End. Wären wir Touristen gewesen, der Anblick hätte uns die Sprache verschlagen, absolut schwindelerregend und garantiert kein Reinfall, wir wären heimgekehrt in unsre Länder und hätten in höchsten Tönen davon gekündet. So aber wollte uns ein jäher Tausendmeterabgrund noch nicht sehenswert genug erscheinen, heftig beglotzten wir den Mönch, indem wir auf unsre Schlüsselbeine zeigten, der Mönch zögernd zeigte auf das seine, ein langsames Leuchten lief ihm ins Gesicht.

Doch erst, als wir ihm die Hände fest mit verschmuddelt verknuddelten Scheinen verschlossen hatten, gewann sein Leuchten an Lebhaftigkeit, »Golden ässhol, no problem«, und schließlich winkte er uns, »Kamm-kamm«, winkte uns einzutreten.

Na also, hatten wir's nicht gewußt, schon immer gewußt? Nichts, nichts an dieser ganzen Geschichte war erlogen – man hatte sich hier nur erst vergewissern wollen, ob wir von ihrer Pointe überhaupt ahnten, ob wir Kenner waren, die nach höherer Erkenntnis strebten, und ob's uns entsprechend ernst damit war! Während wir uns der Reihe nach bückten, um in die Wellblechklause reinzukommen, drückte man uns Lotosblüten in die Hand; drinnen hieß man uns, tatsächlich war der Boden lehmgestampft, hieß man uns niederknien. Im Dämmerdunst schimmerte eine polierte Buddhastatue, am andern Ende des Raums ließ sich, zu ebner Erde, ein Lager erahnen, ein orangerotes Kleiderbündel, ein paar Kupferschalen, Palmblattschriften und genau gegenüber, zwischen Buddha und Mönchslager, ein goldner –

– ach-ja-richtig-was-sonst? Genau gegenüber, zwischen Buddha und Mönchslager, eine Tür. Kaum mannshoch, und auf ihrer Schwelle leuchteten weiß ein paar Blütenblätter. Eine *verschloßne* Tür, kaum drei Handspannen breit, grobes Bretterwerk ohne jede Verzierung, und davor verbeugte sich nun der Mönch, einen kleinen ehrfürchtigen Singsang intonierend, eine Lotosblume ablegend. Dahinter aber, kaum zu glauben, dahinter also war …

»He, das is ja wirklich irre«, verlor einer von uns die Nerven, türwärts rutschend, mit beiden Händen sich an seiner Blüte festhaltend, »das glaubt mir zu Hause kein Schwein!«

»Ixkjuus mi, ledis en dschentelmen«, verbeugte sich der nächste, »most holi ässhol of se Buddha bihaind sät doa«, und rutschte Richtung Allerheiligstes, den Lotos loszuwerden, »ai spik truss, hooli truss.«

»Jes-jes«, hörte der Mönch gar nicht hin und winkte schon dem nächsten, »kamm-kamm«.

Wie wir der Reihe nach herbei- und wieder zurückgerutscht waren, hockten wir sehr weltmännisch vor der Tür, die Rücken gerade, jeder ein Kleinmeister der Lehre vom rechten Sitzen, als ob wir nun auch erwarten dürften, daß sich die Tür für uns einen Spaltbreit öffnen und den Blick freigeben würde auf ein winzignacktes vergoldetes Schlüsselbein.

Den Blick freigeben würde auf – zumindest – das äußerste von sieben mal sieben Behältnissen.

Den Blick freigeben würde auf – zuallermindest – den Tausendmeterabgrund samt seiner Nebel, das Ende der Welt.

So saßen wir. Saßen voll Anmut und Würde, von edler Einfalt erfüllt und stiller Größe, saßen, schauten die Tür an, schauten den Buddha an, schauten den Mönch an, und weil nichts nichts nichts passieren wollte, schauten wir eben weiter, so lang, bis die Tür langsam transzendent wurde? transzendental wurde? und das Land hindurchschimmern ließ, wie wir's – ob Sri Lanka, Ceylon oder Lanka – kurz vor Betreten der Klause ja tatsächlich schon mal ganz kurz gesehen hatten, abgrundtief schön unter uns flimmernd mit all seinen Elefantenaltersheimen und Wolkenmädchenfreskos und Palastruinen und, insonderheit, mit all den riesigen Zimmern in den Kolonialhotels, fünf Meter hohe Wände, und den Touristen, die sich's gerade gut gehen ließen: vielleicht bei einer Synchronmassage, auf einem riesigen Bananenblatt liegend, vielleicht in einem tropenhölzernen Schaukelstuhl sitzend, den Deckenventilator belauschend, vielleicht am Straßenrand stehend und eine dieser frischen Kokosnüsse leertrinkend, den weißen Glibber aus der geteilten Frucht schließlich herausschabend und dabei an ungesunde aufregende Dinge denkend...

So saßen wir. Schauten, schauten, wahrscheinlich wollten uns schier die Augen aus den Höhlen treten, schauten. Der Mönch indessen, sein golden glänzender Buddha, die Tür und auch die andern Gegenstände schauten zurück, die Kupferkannen, Palmblattbücher, und weil das alles war, was passierte, wurde's mählich still und stiller in uns, als wollte die Erwartungslosigkeit über uns kommen, und dann war's mit einem Mal so still *während im Oberlauf des Nils, umgeben vom südlichen Sumpf des Sudans, ein Touristenkanu an eine entgegenschwimmende Wasserleiche geriet, und wie man den unschön gedunsnen Körper mit heftigem Abscheu wegstieß vom Bug: blieb das Paddel darin stecken und trieb, eine Art Mast, mit ihm davon …*

so still, daß man hätte aufschreien wollen vor lauter Erleuchtung.

»Oonli luk, oonli luk«, verkündete der Mönch, und wie er in die Hände klatschte, wußten wir, daß unsre Audienzzeit abgelaufen war: »Problem finischd«.

Auf allen vieren krochen wir, die heilige Tür nicht aus dem Auge lassend, zurück ins Freie, verbeugten uns, machten uns davon. Irgendwann fielen die Nebel wieder weiß auf uns herab, sehr feucht, sehr frisch, doch das war, glaube ich, war uns egal.

Tag eines Schriftstellers

M., April 1998

Da der Schriftsteller am Vorabend noch länger über die Bemerkung des Stationsarztes nachgedacht hat, demnächst komme der Punkt, an dem sich's entscheide, findet er's um 8 Uhr morgens einigermaßen mühsam, sich den Geschäften des Aufstehens zu widmen. Nachdem er mit der diensthabenden Schwester telephoniert und dabei erfahren hat, die Lage sei stabil, er könne beruhigt fahren, fährt er: um 9 Uhr 38. Schließlich hat er dem Vater ausführlich erklärt, warum er nach T. müsse, im übrigen liege das gar nicht weit weg, und sobald er zurück sei, schaue er wieder vorbei. Am *über*nächsten Morgen also, gleich nach dem Aufwachen.

Kaum in T. angekommen, entdecken ihn auf dem Bahnsteig zwei Schülerinnen, 10 Uhr 52, führen ihn ins A.-K.-Gymnasium, wo er schon von Lehrer H. erwartet wird. Lehrer H. kündigt eine Überraschung an, und zwar zwischen seiner kleinen Einführung und der Lesung des Schriftstellers, sowie das Ertönen der Schulstundenglocke um 12 Uhr 02, vielleicht nehme man das zum Anlaß für eine kurze Pause? Um 11 Uhr 06 hängt der Schriftsteller seinen Mantel an einen Haken und setzt sich vor eine Tasse Kaffee beim Herrn Direktor. Um 11 Uhr 15 begrüßt der Herr Direktor hundert

Schüler in der Aula; um 11 Uhr 16 verkündet Lehrer H., daß es um 12 Uhr 02 klingeln und man Pause machen werde. Jetzt freilich gebe's erst mal eine kleine Überraschung.

Worauf sich ein Schüler erhebt, die Gitarre in der Hand, dem Tisch zustrebt, 11 Uhr 17, auf dem bereits die Bücher des Schriftstellers liegen, und dort ohne weitere Vorrede mit der Überraschung beginnt. Wie er dann auch zu singen anhebt, ist's ein altes Gedicht des Schriftstellers, das ihm früher von einiger Wichtigkeit gewesen und trotzdem irgendwann vergessen war, das Gedicht. Nun aber, da's der Schüler neu zum Erklingen bringt, ist's, als habe's all die Jahre nur still gewartet, um am Ende, ohne Vorwurf, wieder ins Leben des Schriftstellers zurückzufinden: so daß dem mit Macht die Tränen ins Gesicht schießen und er gar nicht weiß, wie ihm geschieht. Der Beifall braust los, 11 Uhr 23, der Schriftsteller muß auf die Bühne, beginnt mit der Lesung. Während er seine Stimme hebt, seine Stimme senkt, während er retardierende Pausen setzt, Pointen setzt, denkt er an den Anruf, der ihn vor Wochenfrist in H. ereilt hat, während des Rasierens: Zeit sei's, war ihm mit gedämpfter Stimme bedeutet worden, höchste Zeit, sich aufzumachen; und als das Gespräch beendet gewesen, hatte der Schriftsteller auf dem Boden gelegen und seinen Kopf gegen die Kacheln geschlagen. Acht Stunden später war er am Stadtrand von M. gestanden, am Bett seines Vaters, hatte ihm die nackte Schulter gestreichelt und heftig ins Gewissen geredet: Das könne er doch nicht machen, was bilde er sich eigentlich ein, das wäre ja noch schöner.

Um 12 Uhr 01 schließt der Schriftsteller die Lesung, eine Minute später klingelt es, weitere fünf Minuten später beendet Lehrer H. die Pause und eröffnet die Diskussion. Um

13 Uhr gibt's Beifall; nachdem der Schriftsteller signiert hat, darf er vom Schreibtisch des Herrn Direktors aus im Krankenhaus anrufen und erfahren: daß sein Vater zwar einige kleinere Einbrüche gehabt habe, die Situation indes – auf niedrigem Niveau, versteht sich – stabil sei. Lehrer H. bietet dem Schriftsteller an, ihn jederzeit mit seinem Wagen zum Krankenhaus zu fahren, dann führt er ihn zum Restaurant, wo sich bereits Lehrer L., dessen Frau und die Leiterin der Städtischen Bibliothek zu einer munteren Mittagsrunde zusammengefunden haben. Der Schriftsteller läßt sich von Lehrer L. zu einem Cordon Bleu einladen und sich erzählen, 13 Uhr 15, daß er um kurz vor drei im Ch.-Gymnasium erwartet wird. Nein, läuten werde's im Verlauf der Lesung nicht, die Schulglocke könne man abstellen. Und während der Schriftsteller möglichst eifrig mit Messer & Gabel hantiert, während er schneidet, kaut, schluckt, nickt, denkt er an seinen Vater, wie er ihn seither täglich gesehen: die Augen fest verschlossen, von oben bis unten verkabelt, einen dicken und einen weniger dicken Schlauch im weit geöffneten Mund, denkt an das leise Gebrodel des Schleimabsaugegeräts, an den unbarmherzigen Rhythmus der Beatmungsmaschine, die für den Vater und all die andern Geräte um ihn herum den Ton vorgibt, den Takt vorgibt, in dem das Leben sich abspielt, auch in diesem Moment

– ja, jetzt! in dieser Sekunde! –

da der Schriftsteller die Gabel zum Mund führt, saugt sie die Luft aus seinem Vater heraus, macht eine kleine Pause, preßt neue Luft in ihn hinein.

Um 13 Uhr 50 entschuldigt sich Lehrer L., weil er noch eine Unterrichtsstunde zu halten hat; um 14 Uhr 07 beginnt seine

Frau mit einer knappen Stadtführung. Lehrer H. schließt sich an und versichert, daß ein Kollege des Schriftstellers – ja, er verwendet das Wort Kollege – auf dem Ch.-Gymnasium zur Schule gegangen sei. Um 14 Uhr 50 treffen sie alle drei ebendort ein; kaum hat der Schriftsteller seinen Mantel an einen Haken gehängt, verrät ihm der Herr Direktor, daß ein weiterer Kollege – auch er verwendet das Wort – am Ch.-Gymnasium zur Schule gegangen sei, ein dritter und vierter hier bereits gelesen hätten. Weil sämtliche Umstehenden dazu nicken, nickt der Schriftsteller ebenfalls.

Um 15 Uhr 10 begrüßt Lehrer L. hundertfünfzig Schüler, es gibt keine Überraschung, und also beginnt der Schriftsteller, 15 Uhr 14, mit seiner zweiten Lesung. Wie er aber liest, Luft holt, Pausen setzt, weiterliest, denkt er ans Gesicht seines Vaters, an die Infusionsgerätschaften, die Beatmungsmaschinerie, den Monitor, über dessen schwarzen Bildschirm sechs grüne, regelmäßig verzerrte Sinuslinien pulsen, die sechs dem Vater verbliebnen Lebensrhythmen, denkt an sein Gesicht, wie's trotz allem friedlich, keineswegs den Eindruck der Krankheit vermittelnd, wie's recht weiß und recht spitz daliegt, keinerlei Röcheln von sich gebend, keinerlei Stöhnen, nicht das geringste Zucken der Augenbraue, das auf ein vorbeihuschendes Traumbild, gar einen Gedanken schließen ließe: In vollkommner Reglosigkeit liegt er, der Vater

– auch jetzt! in dieser Sekunde! –

und fast aus jeder Körperöffnung hängt ihm ein Schlauch. Da der Schriftsteller seinen Text inzwischen gut kennt, verspricht er sich beim Lesen nicht, und wenn ihm ein Wasser in die Augen zu treten droht, hält er ganz einfach ein, zwei winzige Momente lang inne.

Um 16 Uhr 02 klingelt keine Glocke, um 17 Uhr ist die letzte Frage beantwortet. Lehrer L. erkundigt sich, ob der Schriftsteller telephonieren wolle. Lehrer L. bietet an, ihn ins Krankenhaus zu fahren. Lehrer L. fährt ihn auf einen nahegelegnen Berg, 17 Uhr 17, von dessen Kuppe, es herrsche Föhn, der Frühling auszumachen sei, wie er sich mit Macht herbeibegebe, von dessen Kuppe man an solch herrlichen Tagen wie heute eine idealtypische Ansicht der Welt erhalte. Der Schriftsteller erinnert sich, daß er als Kind jedes Wochenende in einen andern idealtypischen Ausschnitt der Welt hineinzuwandern gehabt und daß ihm das einigen Verdruß bereitet hat.

Um 17 Uhr 22 geht er mit Lehrer L. bergab, irgendwo schlägt ein Hund an, und wundert sich, wie sehr ihm die wechselnden Panoramen ein plötzliches Wohlgefallen bereiten, gern versichert er Lehrer L., daß er seine Haltung gegenüber dem Gebirge nochmals bedenken müsse. Um 18 Uhr 45 sitzt er in dessen Wohnung, telephoniert mit der diensthabenden Schwester und erfährt, die Lage sei zwar unvermindert ernst, aber – auf niedrigem Niveau, versteht sich – stabil. Nein, sein Programm brauche er nicht abzubrechen. Folglich nimmt der Schriftsteller eine bayerische Brotzeit ein, die Herr und Frau L. inzwischen für ihn zusammengetragen haben, und während er schneidet, kaut, schluckt, nickt, sieht er das Gesicht seines Vaters, wie's in einem künstlich erzeugten Tiefschlaf gehalten und dabei täglich weißer wird, sieht die grünen Amplituden seiner Herzschläge, seiner Lungenzüge, wie sie in sechsfach gezackten Kurven von rechts in den Monitor hinein- und nach links aus ihm heraushuschen, dermaßen still liegt der Vater, dermaßen still, man hört nur die Luft, die durch die festgezurrte Mundöffnung in ihn hineingestoßen und, eine kleine Pause, wieder aus ihm herausgezerrt wird, hört nur die eignen winzigen Worte mitunter, die man ihm ins Ohr flüstert: Jetzt müsse er sich aber mal zusammenreißen, das gehe doch nicht so weiter mit ihm, was solle denn die Mutter von ihm denken. Als ob man durch derartiges Beschwören die eigne Lebensenergie in ihn hineinflüstern könnte.

Um 19 Uhr 32 ruft der Schriftsteller seine Mutter an, läßt sich in immer denselben kleinen Sätzen versichern, sie mache sich Sorgen, und verspricht, noch heute nacht zurückzufahren. Um 19 Uhr 50 begrüßt der Schriftsteller erneut den Lehrer H. sowie die Leiterin der Städtischen Bibliothek; um 20 Uhr 09 begrüßt diese das Publikum, zwei Minuten später bedankt sich der Schriftsteller für die Einladung und beginnt. Den Text kennt er mittlerweile leidlich, er kann beim Lesen fast ununterbrochen denken, nicht mal durch plötzlich aufplatzendes Gelächter läßt er sich aus der Ruhe bringen. In einem Gedicht, das er als eine Art vorweggenommner Zugabe ausgewählt hat, trifft er freilich unvermittelt auf eine Tänzerin, bei deren Anblick man – so der vorletzte Vers – nicht sterben könne, und wie er just an jene Zeile gerät, gerät die Zeile auch an ihn, und es wollen ihm die Tränen ins Gesicht schlagen.

Da der Schriftsteller jedoch inzwischen seine Pausen zu setzen weiß, setzt er eine. Und liest, 21 Uhr 26, das Gedicht zu Ende. Die anschließende Diskussion bricht er allerdings um 21 Uhr 45 ab, und weil zu wenig Bücher ausliegen, erledigt sich das Signieren bis 21 Uhr 49. Lehrer L. bringt den Schriftsteller zum Bahnhof, der Zug fährt fahrplanmäßig um

22 Uhr 01 ein. Bis 23 Uhr 20 versucht der Schriftsteller, im Roman eines andern Schriftstellers zu lesen, dann betritt er den Bahnhof von M., geht zur U-Bahn, auf die er bis 23 Uhr 29 warten muß. Acht Minuten später steht er vor seinem Wagen.

Das Haus seiner Eltern erreicht er trotz überhöhter Geschwindigkeit nicht vor 0 Uhr 15. Bevor er sich in sein einstiges Kinderzimmer begibt, verweilt er noch kurz im Arbeitszimmer des Vaters, besieht die Dinge, die er sich aus der Welt hierher geschafft, besieht eine seiner Listen mit der steilen Schrift, atmet die Luft ein, die dem Vater jetzt fehlt, und während er die Dinge betrachtet, betrachten die Dinge auch ihn. Indem er das merkt, schlägt er die Augen zu Boden.

Um 0 Uhr 32 löscht der Schriftsteller das Licht; weil er aber den Schlaf nicht finden will, lauscht er auf das Husten und Seufzen der Mutter, wie's durch die Wand auf ihn eindringt, und wenn sie nicht hustet oder seufzt, dann schimpft sie mit ihrem Herrgott, die Mutter. Erst als das Telephon auftönt, 3 Uhr 04, steht fest, daß der Schriftsteller trotzdem eingeschlafen ist; während er noch nach dem Lichtschalter sucht, erscheint die Mutter silhouettenhaft im Türrahmen, knipst die Deckenlampe an, nein, sie könne den Hörer nicht abheben, nein. Der Schriftsteller eilt, und während er eilt, beschließt er, ein Mann zu sein.

Zeit sei's, wird ihm mit gedämpfter Stimme bedeutet, höchste Zeit.

Sowie das Gespräch beendet ist, hält er die Mutter im Arm und sagt nichts. Die Mutter wird mit einem Mal ganz klein, vor lauter Angst weiß sie nicht, was sie anziehen soll. Der Schriftsteller macht ihr mehrere Vorschläge, vor lauter Angst erzählt er auf dem Weg zum Auto, während der Fahrt, auf dem Weg vom Parkplatz zum Krankenhaus, erzählt ihr den ganzen vergangnen Tag, der mit dem Telephonanruf soeben erneut angehoben, und als er bei 0 Uhr 15 angelangt ist, ist's 3 Uhr 40 und sie stehen beide, Hand in Hand, vor einer Klingel. Zwei Minuten später streifen sie sich, seine Mutter und er, die blauen Kittel über, gleich werden sie die Intensivstation betreten, stets in Sorge, an eine der Kanülen zu stoßen, in einem der Schläuche sich zu verfangen.

Doch diesmal, 3 Uhr 43, fährt ihnen der Anblick des Vaters mit Wucht entgegen, sie müssen sich sehr aneinander festhalten, daß sie nicht umgeworfen werden von seinem fahl nach hinten ragenden Gesicht, auf das der grüne Widerschein des Monitors fällt, von der Stille, die um ihn herumbraust, sind sie etwa schon zu spät?

Oh nein, das sind sie nicht. Das besänftigende Betuscheln der Nachtschwester, als könne man den Vater mit einem zu lauten Wort an der Abreise hindern, zurückhalten in diesem winzigen Zimmer, vor diesem Monitor, auf dem die Amplituden zu kümmerlich flachen Wellen zerlaufen sind, und während man sie mit allem Schweigen, dessen man noch fähig ist, beschwört, die Wellen, zerfließen sie weiter, weiter, verströmen sich ins Flache, ein letztes Auslaufen der Brandung, ein letztes Verebben dessen, was als gewaltige Welle einst begonnen, fast hört man's von ferne rauschen, das Meer. Doch es ist nur die Nacht, wie sie hinterm geöffneten Fenster hin & her wogt, hin & her. Weil sie beide nicht wissen, was sie tun sollen, der Schriftsteller und seine Mutter, stellen sie sich zur Linken und zur Rechten des Vaters, legen ihm, der heute mit einem weißen Laken bis zur Halsgrube bekleidet ist, legen ihre Hände, soweit's das Laken zulassen will, auf seine Schultern, die Blicke auf sein Gesicht. Das ganz friedlich, allenfalls noch eine Spur weißer daliegt, eine Spur spitzer, keinerlei Röcheln von sich gebend, keinerlei Stöhnen, nicht einmal jetzt: In vollkommner Reglosigkeit liegt er, der Vater, als wäre das alles nichts weiter als die Simulation eines Ernstfalls – gäbe's da nicht die Mutter, die sich beharrlich hier an die wirkliche Wirklichkeit klammert, und sei's bloß an eine Hand, die sie unterm Laken gefunden, eine lasch herumliegende Hand.

Trotzdem schwindet sie mit jedem Atemzug dahin, die Mutter, mit jedem Blick, den sie auf den Monitor wirft, beugt sich ihr Rücken ein Stückchen stärker nach unten, und tatsächlich schlagen die sechs Amplituden inzwischen, 3 Uhr 55, so schwach aus, daß ... man sie jedenfalls deutlich noch zu hören vermag, oder nicht?

Gäb's vielleicht was zu denken, zu sagen, zu tun?

Im Gegenteil, im Gegenteil, nun ist ein Atmen nämlich beim besten Willen nicht mehr zu vernehmen, mag man sich auch tiefer und tiefer beugen. Erst da, das Ohr fast auf den Lippen des Vaters, wird dem Schriftsteller klar, daß irgendjemand die Maschine abgestellt haben muß, daß irgendjemand den dicken wie den dünnen Schlauch aus seinem Vater herausgezogen haben muß, bevor sie hier eintrafen, es scheint beschloßne Sache zu sein.

Also beugt sich der Schriftsteller, wie er's die letzten Tage getan, flüstert, 3 Uhr 56, flüstert kurze Sätze ins Ohr des Vaters, seine Hände halten sich an allem fest, das im Raum herumschwirrt. Wohingegen die Mutter versucht, sich durch rasches Schrumpfen vor dem Hinstürzen zu bewahren, vor dem Zerschellen in lauter kleine Seufzer. Merkwürdigerweise geraten die Dinge nicht ins Schwanken, schlingern nicht davon mitsamt ihren Betrachtern, hinaus durchs geöffnete Fenster, in die braun knisternde Frühlingsnacht, alles bleibt, nur der Vater scheint entschlossen zu sein zum Aufbruch – sein Mund weit aufgerissen, die Lippen schmal, ein blasses trocknes Band, die Nasenspitze weiß, die Stirn ganz glatt.

So fern liegt er schon, nicht das geringste Zucken der Augenbraue, das auf ein enthuschendes Leben schließen ließe, nicht mal das. Was mochte der letzte Gedanke sein, dessen lose Fäden ihm gerade noch durch den Kopf kreisen, das letzte Bild, das er matt noch ausmachen kann, vernebelt bereits von den Rändern, flau in den Farben wie ein altes, verwaschnes Photo, fast schon schwarz-weiß? Eine verlaßne Tankstelle vielleicht, an der er vergeblich einst versucht hat zu tanken? Ein Tempel, in dem nichts als ein heiliges Haar zu bewundern gewesen, ein heiliger Daumennagel? Ein dicker grauer Aal, den man mit Hilfe eines Küchenmessers an die Bretterwand eines Bootshäuschens genagelt hat, knapp unterm Kopf, und der sich hin & her nun windet, hin & her?

Da findet der Auftritt der Ärztin statt, 3 Uhr 57, behutsam nickt sie dem Vater, der Mutter, dem Schriftsteller zu, da findet das spurlose Verschweben der Ärztin statt, 3 Uhr 58.

Es dauert eine Weile, bis der Schriftsteller begreift. Als er, 4 Uhr 00, hochblickt auf die sechs grünen Amplituden, sieht er nurmehr sechs Geraden, und – hat's begriffen. Sowie er die Mutter mit stummem Kopfnicken darauf aufmerksam macht, verwandelt sie sich, die in den letzten Tagen so tapfer sich gehalten, in ein bucklicht Weiblein, »Allein!«, verbirgt ihren Kopf in der Halskuhle des Vaters. Und es ist, für eine kleine Sekunde, in der die Welt den Atem anhält, ist für eine kleine, sehr kleine Sekunde entsetzlich still

während in einer Oase der südlichen Sahara, mitten im elektrisch verstärkten Ruf des Muezzins, der zur Abendandacht mahnt, begleitet von einigen Eseln und Hähnen, wieder mal der Strom ausfällt: und der langgedehnte religiöse Gesang zusammenschnurrt ins vollkommne Schweigen …

so still. Nein, kein einziger Körperteil des Schriftstellers empfindet Trauer, dafür wird später genügend Zeit sein, später, und wie ihm das Meer ins Auge schlagen will, setzt er ganz einfach eine rhetorische Pause. Erneut betritt die Ärztin den Raum, 4 Uhr 02, nickt dem Schriftsteller, der Mutter, dem Vater zu, stellt fest, daß alles so seine Ordnung gehabt hat, alles.

Dann steht der Schriftsteller vor dem ersten Toten seines Lebens, ein Anblick, vor dem er sich jahrzehntelang gefürchtet. Noch immer ist der Mund des Vaters geöffnet, ja jetzt, wo ihm die Schläuche fehlen, sieht man erst, wie weit er ihn die letzten Tage über aufgerissen, und mit einem Mal ist's gar nicht schwer, einen Toten zu berühren.

Was flüstert der Schriftsteller seinem Vater ins Ohr? Eine kurze heiße Pause flüstert er ihm ins Ohr, kein Wort will ihm über die Lippen. Als er sich wieder aufgerichtet hat, 4 Uhr 04, als er wieder sehen, hören, sprechen kann, ist da die Schwester, die ihn mit sanftem Druck vor die Tür schiebt, und als er sich umsieht, steht dort auch die Mutter.

Bis 4 Uhr 16 warten sie beide, warten darauf, daß man dem Vater die restlichen Kanülen aus dem Leib gezogen hat. Als sie die Station erneut betreten haben, ist der Monitor ausgeschaltet. Mit gefalteten Händen liegt der Vater, seine Füße ragen nicht mehr aus dem Laken hervor, und richtig, sogar die letzten Schläuche sind verschwunden. Kälter fühlt sich das Gesicht des Vaters an, noch kälter als zuvor, trotzdem wird's von der Mutter, 4 Uhr 17, sehr oft geküßt. Kälter fühlt sich die Schulter des Vaters an, noch kälter als zuvor, trotzdem wird sie von der Hand des Schriftstellers nicht freigegeben. Die Ärztin erklärt, daß der Vater jetzt zwei Stunden lang so belassen und dabei nicht schöner werde.

Irgendwann liegt der Schriftsteller – 4 Uhr 50? 5 Uhr? 5 Uhr 10? 5 Uhr 20? – liegt im Bett und stellt erstaunt fest, daß er, der seinen Glauben längst verloren, daß er seine Hände ineinander verschraubt hat, daß er Worte sagt, die er zu sagen, selber zu sagen, niemals für möglich gehalten. Irgendwann bricht – 6 Uhr 50? 7 Uhr? 7 Uhr 10? 7 Uhr 20? – bricht wider Erwarten ein neuer Tag an, sehr lau, sehr frühlingshaft, der Schrifsteller rückt sich, mitsamt seiner Mutter, rückt sich wieder im Flur der Intensivstation zurecht und wartet: auf die letzten Dinge des Vaters. Die ihm schließlich, ob's wohl acht Uhr sein mag, die in einem blauen Plastikmüllsack herausgeschoben werden. Wie er aber so vor ihm liegt, der Plastiksack, dauert's dann doch eine Weile, bis der Schriftsteller mit der Rechten nach ihm greift, mit der Linken nach der Mutter und, eine Sekunde später wird er gehen, die Augen für einen Moment schließt. Und noch heute

– vielleicht gerade jetzt! in dieser Sekunde! –

schließt er bisweilen die Augen. Dann sieht er das Gesicht seines Vaters, wie's sehr weiß daliegt, und sieht grüne Linien dahinter.

Das Schweigen am andern Ende des Rüssels

Madurai, Oktober 1983

»In Indien hätte der Elefantenbeauftragte alle Rüssel voll zu tun« – dies dachte ich sicher nicht, als ich meinen ersten Hindutempel betrat, vielmehr, betreten wollte: Schon im Schatten des Eingangstors auf einen Schatten prallend (wieso war hier kein Zaun?), schreckte ich zurück. Der Schatten seinerseits erschrak nicht, sein Wächter, im Gegenlicht erschien mir seine Silhouette zunächst als die eines meditierenden Mönchs, der Wächter, der reglos neben ihm auf dem Boden hockte und einen Holzstab hielt (sofern er ihn nicht, wie sich herausstellen sollte, in gleichgültiger Regelmäßigkeit gegen das Ende des Schattens praktizierte), der Wächter, der im Schatten des Schattens hockte, erschrak nicht, die Pilger, die vor neben hinter mir die Schwelle überschritten, erschraken nicht: Ein Schatten gehört in indischen Tempeln zum heiligen Inventar, jedenfalls in Shiva-Tempeln. Schließlich wird darin – unter anderm! unter vielen, vielen andern! – auch dem elefantenköpfigen Sohn von Shiva gehuldigt: Ganesh, dem Gott des Reichtums und der Weisheit.

Was ich damals freilich noch nicht wußte. Entsprechend langsam gewann der Schatten für mich konkrete Kontur, begriff ich seine Daseinsberechtigung, ja seine Notwendigkeit an jenem Ort, begriff sein Wesen als das eines lebendigen Opferstocks: Man wirft eine Rupie in seinen Rüssel, beugt sich und läßt, die Rüsselspitze tupft weich über den Kopf des Spenders, läßt sich segnen.

»In Indien hängt der Himmel voller Rüssel« – dies dachte ich sicher nicht, als ich mich im großen, im berühmten, im Sri-Meenakshi-Tempel von Madurai vor den Schatten setzte, der dort, drei Kreidestriche liefen ihm horizontal über die Stirn, der dort Dienst nach Vorschrift tat: inmitten geschäftig wuselnder Postkarten- und Souvenirverkäufer, vorbeikichernder Mädchenklassen, inmitten von Männern, die, drei Kreidestriche liefen ihnen horizontal über die Stirn, die beständig an ihren weißen Wickelröcken herumnestelten, inmitten fetter brauner Frauen mit Goldschmuck in der Nase, inmitten schlanker brauner Frauen mit Silberringen an den Zehen. Alle, alle blieben sie kurz vor dem Schatten stehen, verneigten sich, ein kleines Kind mitunter an der Hand haltend oder ein Baby im Arm. Das sich, aufquietschend, vor dem Rüssel zu verstecken suchte, aber der wollte, einmal mit der Münze in Bewegung gesetzt, eine unerbittliche Kausalkette, der wollte segnen, und sei's einen kreischenden Knirps. Beständig fächelten dazu die Schattenohren, beständig wiegte sich der große dunkle Rest, indem er das eine, das kurzfristig entlastete Bein leicht übern Boden schleifte in Richtung des andern, des Standbeins, und dort für die Dauer eines Augenblicks den Fuß aufkantete: ein wunderbar gleichmütiges Hin & Her, während einzig der Rüssel, immerzu segnend, das Bewegungsmuster durchkreuzte, hierhin und dahin und, nicht zuletzt, in unregelmäßigen Abständen zur Hand seines Wächters hinabfuhr, wo ihm die Münzen entrollten.

»Zum Rüssel drängt, / am Rüssel hängt / doch alles« – dies dachte ich sicher nicht, als ich vor dem Schatten saß und nie recht erkennen konnte, ob mich seine Augen fixierten oder ob sie, abgestumpft in Jahren des heiligen Dienstes, durch mich hindurchstarrten in eine beßre Welt, in der's sehr viel Dschungel gab und sehr wenig Menschen. Freilich war's nicht der Blick, der mich so beschäftigte, es war –

– oh ja, natürlich, jede Menge Schatten hatte ich bereits gesehen: im Zoo (aber da gab's Zäune und sogar Gräben), in Uganda (aber da war ich nur immer scharf auf Löwen), im Goldnen Dreieck zwischen Burma und Thailand (aber da schlug ein kleiner Junge dauernd mit einer Hacke in die dickfaltigen Wülste, die der Nacken oder schon der Kopf des Schattens waren, schlug seine Hacke bis zum Stiel ins dickfaltige Grau, das keinen Ton dazu gab, geschweige seine Bewegungen beschleunigte, und ich war froh, als ich wieder absteigen durfte), oh ja, natürlich, auch in Indien hatte ich mittlerweile jede Menge Schatten gesehen: am Straßenrand, von hinten, samt handtellergroß am Schwanz baumelndem Katzenauge, von vorne, jäh aus dem Gehupe aufschwankend, und einmal sogar, wir standen, selber hupend, im Stau, einmal glitt ein Rüssel unverhofft durchs offne Taxifenster, an dem ich – vor lauter Entsetzen konnte ich nicht mal aufschreien, der Taxifahrer lachte, schob den Rüssel wieder aus dem Fenster hinaus, aber da er's versäumt hatte, zuvor ein bißchen Geld hineinzuwerfen, schlängelte sich der Rüssel ein zweites Mal herein, nackt, behaart, obszön beweglich, hierhin sich schamlos stülpend, dorthin dreist greifend: Oh ja, jede Menge Rüssel hatte ich inzwischen schon gesehen.

Dennoch bedurfte's einiger Stunden des Sitzens, des Zuschauens, wie sich all die Frauen in leuchtend bunten Saris, all die dicken Männer in weißen Hemden, laut und fröhlich, ihres Opfers entledigten, dennoch bedurfte's fast eines halben Tages, bis ich meinen Mut zusammengenommen hatte – ich, ein sogenannter, ein »erwachsner« Mann, ich. Anfangs hielt ich's für ganz & gar unmöglich, mich in den Reigen der Opfernden einzufügen, versuchte mir einzureden, daß das auch keiner von mir verlangte, versuchte mich in der Kunst der Selbstbeschwichtigung:

- durch Beschlendern der Tausend-Säulen-Halle, durch ausgiebiges Betrachten des riesigen Gopurams, um den die Raubvögel kreisten;
- durch mehrfache Umrundung des Tempelbezirks, wobei man laufend Schweinen, Ziegen, heiligen Kühen, Hunden, Abfallhaufen, schlafenden Menschen, Krüppeln – elefantenfüßigen wie solchen, die kein bißchen Fleisch mehr an den Beinen hatten –, wobei man laufend Bettlern, Straßenverkäufern, trötenden Rikschafahrern, aller Art Anbaggerern und drängelnden Passanten auszuweichen hatte, die ihre Geschlechtsteile betasteten;
- durch Einnahme von frischgepreßtem Karottensaft, von »Rosemilk« oder zuckersüßem Milchtee, den der Verkäufer mehrfach, eine elegante Zeremonie bei ausgestrecktem Arm, aus dem Becher in die metallne Untertasse und wieder zurück geschüttet hatte;
- durch Besuch beim Friseur, einem höchstens zehnjährigen Jungen, von dem ich mich auf freier Straße rasieren ließ, einmal mit und einmal gegen den Strich, um abschließend sorgfältig mit Weißungspuder betätschelt zu werden;

doch immer, immer trieb's mich an diesem heißen Tag zurück in den Tempel, immer wieder mußte ich mich des geschmückten Schattens versichern. Selbst wenn ich bemüht war, mich auf seinen Wärter zu konzentrieren oder dessen verbeultes Motorrad, das an der rückwärtigen Wand lehnte, schon nach Sekunden blickte ich bloß noch auf den Rüssel. Sofern er nichts zu tun hatte, hing er von weit oben schlaff herunter, und schleifte ein wenig über die Welt, ein rätselhaft desinteressiertes Hin & Her.

»Das Licht am Ende des Rüssels« – das sah ich sicher nicht, als ich endlich, fast sechs Uhr abends, vor dem Schatten stand, ein Kleinmeister der Lehre vom rechten Stehen, als ich, jeden Moment damit rechnend, daß sich etwas Außergewöhnliches, Schreckliches, zumindest Ekelhaftes ereignen würde, als ich vor dem Schatten mit den drei dicken Kreidestrichen auf der Stirn, im großen, im berühmten, im Sri-Meenakshi-Tempel von Madurai, eine Rupie in der Hand haltend, als ich stand. Wie sich der Rüssel in einer schnell herbeischlenkernden Bewegung vor mir aufstülpte, ein mit stummen schwarzen Haaren spärlich kaschiertes, ein mit kleinen feuchten, fatal sich krümmenden Spitzen versehenes, ein dunkelrosa an seinen Rändern und schwarz aus seiner Tiefe heraufglänzendes, ein zudringliches Stück Nacht, das einem noch nicht mal die Zeit ließ, sich vorzustellen, wie's empört aufschnauben im nächsten Moment lostrompeten könnte vom andern Ende seiner Dunkelheit –, da hätte ich's einen atemlosen Blick lang fast für unmöglich gehalten, meine Münze hineinzuwerfen.

Fast. Wenige Minuten später hatte der Rüssel Feierabend. Ein Götterbild, sicherlich Shiva in einer seiner unzähligen Inkarnationen, wurde von einem Rudel halbnackter Brahmanen aus dem Tempel herausgetragen, vielmehr: unter knatternder Absonderung von Gestank herausgedieselt (während die Herrschaften nur pro forma eskortierten). Hinterher schwankte der Schatten. Kaum aber hatte er die Schwelle des innern Tempelbezirks überschritten, blieb er stehen und schlug, prasselnd, all das, was sich einen Acht-Zehn-Zwölf-Stunden-Tag in ihm angestaut hatte, schlug sein Wasser ab, daß es eine Art hatte und die Herrschaften gewaltig insWeghüpfen gerieten. Als er sich erleichtert hatte, der Schatten, setzte er sich für einige weitere wiegende Schritte in Bewegung, blieb erneut stehen. Nein, er begehrte nicht lautstark auf – er stöhnte, stöhnte ganz leise, wie einer, der mit seinem Stöhnen niemand stören möchte. Sein Wärter, der sich achtzehn-zwölf Stunden lang Rupien in die Hand hatte rollen lassen, zündete sich eine Zigarette an. Doch zum Weitergehen war der Schatten nicht zu überreden, er stöhnte so lange, bis der Wärter die Zigarette wegwarf, bis er zu ihm kam und seinen Rüssel umarmte. Da war's für einen kleinen großen Moment lang dermaßen still im Tempel

während im Dickicht des Waterberg Plateaus, weitab von jedem markierten Weg, eine Horde Paviane das Kreischen anhob, weil ein paar verirrte Wanderer in unziemliche Nähe geraten waren: und unter entschlossnem Gebell, der Steinwürfe nicht achtend, zum Angriff überging…

dermaßen still, daß man das Kreisen der Raubvögel zu vernehmen meinte, ihre ständigen Spiralbewegungen um den Gopuram herum.

Heute liegt das alles schon tausend Tempel zurück, aber in

jedem Moment, den ich am Schreibtisch sitze und der Tinte beim Trocknen zusehe, in jedem Moment steht auf der andern Seite der Welt, ich bin sicher, steht ein Schatten, gleichmütig hin & her sich wiegend, seinen Rüssel schwingend, und gerade jetzt
– jetzt! oh ja, in dieser Sekunde! –
krümmt er ihn, stülpt ihn empor, und jemand wirft eine Münze hinein.

Zu dumm zum Tanken

Statesboro, März 2003

Hochverwirrt, tiefverzweifelt: Soll eine Fahrt durch die amerikanischen Südstaaten am Flughafen von Atlanta beginnen, bieten sich, nachdem einige verständnislos vergrinste Momente mit den Verlautbarungen des meist dicken, meist dunkelfarbnen Flughafenpersonals ausgestanden sind, bieten sich dem Reisenden zwei Möglichkeiten: Entweder er beschließt, zukünftig jeden zu bitten, das, was soeben an akustischen Signalen abgesondert, auf Englisch zu wiederholen. Oder er mietet sich einen Wagen und verläßt die Stadt auf direktem Wege.

Nachdem ich mich im Hotel vergeblich an Wasserhähnen, abschließend am Schalter der Nachttischlampe versucht hatte – anscheinend waren die Dinge hier noch unverständlicher als die Worte –, floh ich in einem glitzergrünen Chevrolet, auf der Interstate Nr. 75 Richtung Savannah. Dort sollte's alte Südstaatenpracht in Form von Stadtvillen zu besichtigen geben.

Zwar wußte ich das Autoradio nicht recht zu bedienen, auch mein Umgang mit dem Handgas ließ – das Lenkrad bot diesbezüglich entschieden zu viele Tasten –, auch mein Umgang mit dem Handgas und der Handbremse (die sich schließlich in Form einer zweiten Fußbremse zu erkennen gab) ließ zu wünschen übrig. Dafür entschädigte mich die Straßenkarte mit Ortsnamen, die ich bislang bloß aus guten und weniger guten Popsongs kannte, La Grange, Jackson, Memphis, Mobile, Nashville, Nutbush, und beherzt fuhr ich dahin.

Beim Mittagsmahl im »Waffle House«, direkt neben der Autobahn, wollte ich freilich fast ein bißchen von jener Beherztheit verlieren: Weder verstand ich die Speisekarte (insbesondre den tieferen Sinn von »grits«; daß man fast jedes Gericht hier mit Grütze bereicherte, konnte ich ja nicht wissen) noch gar die Thekenfrau, »Haayadoindaal'?«, deren gutgelaunte Bereitschaftsbekundungen mir wie ein einziges sehr langes, sehr silbenhaltig gedehntes Wort ins Ohr fuhren. Statt mich mit einer Erwiderung zu verraten, konzentrierte ich mich auf Speisen, die in der Karte mit bunten Bildern dargestellt waren, hielt mich bei den Nachfragen der Thekenfrau konsequent bedeckt – ich glaube, sie wollte wissen, *wie* ich meine »grits« denn serviert wünschte: verschlonzt oder verschlickt –, und als das nichts mehr helfen wollte, nickte ich zu allem, was sie mir vorschlug. Schob ihr schlußendlich eine Zehndollarnote zu, um mir das Erfragen des Preises zu ersparen, und verließ die Lokalität wippenden Schrittes: Daß ich die Türverriegelungen eines Chevrolets schon vom Eingang des »Waffle House« aus hochschnellen lassen konnte, das wußte ich mittlerweile nämlich.

Eine Zeitlang widmete ich mich dem Automatikgetriebe und seinem surrend aufdrehenden Eigenleben. Anschließend begriff ich das Autoradio, lauschte mit Hingabe den wütenden Prophezeiungen eines Predigers, genaugenommen: den fulminant sich auf- und abtürmenden Satzmelodien; *begreifen* ließen sich von seinem breit quellenden Südstaatenslang bestenfalls einzelne Worte. Wählte dann aber doch lieber einen Sender, dessen Moderator nur stets dasselbe sagte, wenn er sich zwischen uralten Bluesrock-Nummern zu Wort meldete, dies freilich aus tiefster Kehle; tatsächlich verstand ich ihn irgendwann sogar, wie er mir versicherte, nur die schönste Musik ausgewählt zu haben, ich solle mich gefälligst – »Just relax!« – dazu entspannen.

Als ich die Sache mit dem Handgas begriffen hatte – »Relax!« –, klappte auch das, und fortan ging alles wie von selbst: Nichts zu bedenken gab's mehr, nichts zu befürchten, nichts wirklich zu tun, ein wundervoll gleichmäßiges Glücksgleiten, hinterm Steuerrad hängend, auf das vereinzelte Vorbeidröhnen der Sattelschlepper lauschend, ein wunderbar gleichmütiges Dahinschnurren im Strom der Straße, während am Ufer die riesigen Reklametafeln von Pizza Hut, Jack in the Box, Taco Bell, Baskin' Robbins, Burger King, Kentucky Fried Chicken, McDonald's, Dunkin' Donuts, Dairy Queen, Wendy's, Arby's, Hardee's vorbeileuchteten und dazwischen weiterhin der eine oder andre Ortsname, den ich aus längst verjährten Hitparaden kannte. Oder zu kennen glaubte – oh ja, jetzt war's tatsächlich so, wie ich's seit je ersehnt hatte. Und bedeutend näher rückte Savannah.

Jedenfalls bis mein Blick, eher zufällig, auf die Tankanzeige fiel. Da schien's mir angeraten, das Gleiten einzustellen und sich der nächsten Ausfahrt anzuvertrauen, immerhin einer, wie mir die Beschilderung versicherte, die zu zwei Tankstellen führte und, etliche Meilen über Land, nach Statesboro.

Statesboro?

Bevor ich mich erinnern konnte, wie der entsprechende Blues geklungen und welche Gruppe ihn vor wieviel Jahrzehnten zum wievielten Mal eingespielt hatte, tauchten links und rechts der Straße die beiden Tankstellen auf. Als die erstbeste Zapfsäule angefahren und der Schlauch in den Tankstutzen eingehängt war, durfte ich mir versichern, daß ich »das alles hier« inzwischen schon »ganz gut im Griff« hatte: meinen Chevrolet, die Interstate mit ihren Reklametafeln, den Süden. Woraufhin – nichts geschah.

Nachdem ich mich etwas umgesehen hatte, nahm ich den Schlauch und hängte ihn zurück. Fand hinterm Glas der Säule eine Bedienungsanleitung, las sie Zeile für Zeile. Drückte die Wahltaste für die Benzinsorte, drückte den roten Knopf, dessen Funktion nicht weiter erläutert war, führte die Zapfpistole in den Tankstutzen, Schritt für Schritt, wie ich's eben gelesen, und zog den Hebel im Griff nach oben. Woraufhin – nichts geschah.

Einige Säulen entfernt betankte einer seinen über und über mit Schlamm bespritzten Jeep, tankte mit der Selbstverständlichkeit dessen, der sich in seinem winterfest karierten Hemd und dem krempigen Hut gegen sämtliche Fährnisse gerüstet weiß. Ich rief ihn mit einem höflichen Halbsatz um Hilfe an, was er als eine Art Have-A-Nice-Day zu hören schien, jedenfalls grinste er, entnahm seinem Mund etwas, das wie ein einziges, sehr silbenhaltig zerdehntes Wort klang, und verschwand Richtung Kasse. Folglich hängte ich den Schlauch zurück in seine Halterung, suchte nach einem zettelhaften Hinweis, daß just jene Säule, an der ich mein Glück versucht, heute unwillig sei. Fand aber nichts dergleichen. Der alte Süden, die versammelten Stadtvillen mit ihren säulengerahmten Veranden, auf denen alte Schaukelstühle und noch ältere Whiskeyflaschen herumstanden, die schmiedeeisernen Gitter mit den Vorgartenrabatten dahinter, in denen tiefschwarze Gärtner gemächlich mit Gartenscheren herumhantierten – all das und noch viel mehr, gewiß, gewiß, war nur eine Tankfüllung entfernt, ach was, ein paar Liter hätten genügt, mich bis ins Zentrum von Savannah zu bringen, und ich stand hier, am Rande von Statesboro, und war drauf & dran, den Statesboro Blues zu kriegen. Wenn mir wenigstens die Melodie dazu eingefallen wäre.

Gut, redete ich halblaut auf mich ein, nun bleib geschmeidig, du verbringst nicht zum ersten Mal dein Leben mit einer Tankstelle: Relax!

Also fuhr ich, so einfach war das, fuhr einige Meter weiter, zur nächsten Zapfsäule. Vertiefte mich zur Sicherheit erneut in die Bedienungsanleitung, Silbe für Silbe ließ ich mir auf der Zunge zergehen, selbst aus den Satzzeichen versuchte ich, Handlungsanweisungen herauszuzuzeln. Anschließend aus jedem weiteren versprenkelten Wort, dessen ich auf der Zapfsäule ansichtig wurde, am Ende sogar aus den Oktanzahlen der verschiednen Benzinsorten. Dann hob ich die Zapfpistole aus der Halterung.

Wählte die Benzinsorte.

Drückte den roten Knopf.

Steckte die Zapfpistole in meinen Chevrolet.

Legte die rechte Hand in ausführlichster Langsamkeit zurecht, stellte mich breitbeinig in Position.

Zog den Hebel im Griff der Pistole mit jäher Heftigkeit nach oben, stand und lauschte aufs Innerste des Schlauches, aufs rasche Aufrauschen herbeischießenden Benzins, lauschte.

Stand und schaute mir verstohlen über die Schulter und stand und lauschte auf jegliches Tuckern, Schnarren, Ziepen, das aus der Tanksäule hervorkommen und zumindest deren guten Willen dokumentieren mochte, schaute mir über die andre Schulter und stand.

Hängte die Zapfpistole wieder in ihre Halterung.

Waren denn sämtliche Säulen hier heimlich defekt? sämtliche Schläuche verstopft, die Benzinlager leer, die Kassen voll, oder wieso wollte keiner an mir Geld verdienen?

Relax! zischelte ich mir zu, tat so, als würde ich mir die Schlammspritzer auf dem Jeep besehen, wo ich doch lieber auf der Stelle losgeheult hätte, und weil sich das von selbst verbot: wo ich mich doch am liebsten zurückgewünscht hätte in den Bauch meiner Mutter, und weil sich das von selbst verbot: wenigstens nach Europa, meinetwegen sogar nach Bulgarien, wo's zwar Türhüter vor den Discos gab, die jeden nach Waffen abfummelten, und drinnen dann bloß lauter Nutten, die ihre Spiegelbilder antanzten, aber gewiß keine Tankstellen, an denen man erst mal einen Intelligenztest absolvieren mußte.

Schon wandte ich mich ab, verkroch mich in meinem schweigend glitzernden Chevrolet, um dort in Ruhe mit mir zu verhandeln, was wohl als nächstes zu tun sei, da ertönte die Stimme. Eine helle freundliche Stimme, die sich als Sturzflut an Vokalen und Konsonanten über mich ergoß, aus einem Lautsprecher irgendwo unterm Dach der Tankstelle, über mich, den Chevrolet, die Zapfsäulen ergoß, laut & vernehmlich, jaja, doch vollkommen unverständlich.

Immerhin kroch ich wieder aus meinem Versteck hervor, blickte mich unauffällig um, ob vielleicht der Mann mit Hut zurückgekehrt und aufgrund der Belehrungen, die ich erlitten, in Heiterkeit ausgebrochen war. Blickte mich auch in alle andern Richtungen um, ob irgendein andres Auto in der Nähe halten, ein andrer Mann mit Hut mich etwa verspotten wollte. Und entdeckte niemand. Wie ich aber stand und die Zapfpistole nicht zu ergreifen wagte, fiel mein Blick über die Tanksäule hinweg auf die gegenüberliegende Straßenseite: wo die Tanksäulen der Konkurrenz warteten. Das war sie, die Lösung, und sie war dermaßen einfach. Im Handumdrehen entspannte ich mich und: fuhr hin.

Bevor ich mich dort dem Geschäft des Betankens hingab, musterte ich den Ort und die Dinge. Sie schienen denjenigen, deren innerstes Wesen ich soeben vergeblich zu begreifen gesucht, maßgeschneidert nachempfunden, lediglich die Farbgebung war von Rot-Schwarz auf Rot-Blau umgestellt. Nicht ungeschickt war's, daß ich mich momentan als einziger hier eingefunden und demzufolge die Wahl hatte zwischen, na, schnell geschätzt, zwanzig Möglichkeiten: Selbstverständlich fuhr ich diejenige an, die vom Kassierer – jedenfalls vom Fenster aus, hinter dem ich ihn vermutete – am schlechtesten einzusehen war. Stieg aus, ergriff die Zapfpistole mit einer Beiläufigkeit, als handle sich's um eine locker übern Tresen geschobne Zehndollarnote, und schob sie – Relax! Relax! – in den Stutzen meines Chevrolets. Wählte die Benzinsorte, drückte den roten Knopf, atmete tief ein und –

atmete ein zweites Mal ein und –

mußte mir eingestehen, daß sich nichts tat. Gar nichts. Ah, ich hätte wirklich heulen wollen, und weil sich das von selbst verbot: hätte die ganze Angelegenheit kurz & klein schlagen wollen, und weil sich das von selbst verbot: suchte mich zu beruhigen. Schon öfters hatte's mir schließlich in diesem Land die Sprache verschlagen …

- angesichts einer ziemlich scharfen Texmextante auf einer ziemlich scharfen »Fuckerware Party« in Phoenix, die mich, ausgerechnet mich ansprach, dann aber sofort kapierte, daß ich ein rechter Volltrottel war, der sich mit »Sorry, I'm German« für sein Gestammel plump zu rechtfertigen suchte, und mich mit einem unmißverständlichen »Nazi!« stehenließ;
- in Manhattan, nahe dem Empire State Building, wo ein fingerfertiger Kerl drei Karten in aufreizender Langsamkeit – »Where's my apple?« – auf einer Pappschachtel so lange hin & her schob, bis ich mir vollkommen sicher war und: zwanzig Dollar Wetteinsatz verlor, als die von mir bezeichnete Karte umgedreht wurde;
- am Beginn einer Müllhaldenschlucht in L.A., die ich bei der nächtlichen Suche nach einem geeigneten Parkplatz noch mindestens für den Laurel Canyon gehalten hatte: wo mir am frühen Morgen der Sheriff gewaltig mit seinem Gummiknüppel übers Autodach trommelte, auf daß ich, beim Erwachen, exakt in den Gewehrlauf seines Kollegen hineinblickte: »No overnight parking, Sir«;
- und auch in einer Vorortkneipe von Chicago hatten mir mal, vor Jahren, die Worte gefehlt, im »B.L.U.E.S.«, wo »Johnny Dollar & The Scan'lous Band« das Abendprogramm bestritten: lauter Nobodys, und trotzdem besser als jede Fleetwood Mac oder Chicken Shack, die wir bislang für die Größten gehalten. Ständig kam einer aus dem Publikum rauf auf die Bühne und spielte einfach mit, so daß ihrer stets mehr wurden, unglaublich. Wie dann aber die

drei amtierenden Background-Sängerinnen vor mir aufglitzerten, »Shubidu-a, shubidu-a«, wahrscheinlich weil ich der einzige war, der sich noch nicht öffentlich zu Gehör gemeldet, wie sie mir ihre drei Mikrophone vors Gesicht hielten, »Shubidu-a, shubidu-a«, doch dort, wo mein Mund hätte sein sollen, nur eine entsetzliche Einfallslosigkeit herrschte, da –

– ertönte plötzlich die Stimme. Ertönte erneut, die Stimme von oben, die Stimme aus dem Lautsprecher, ertönte erneut, und eine gewaltige Sturzflut an Vokalen und Konsonanten ergoß sich über mich, laut & vernehmlich, jajaja, aber restlos komplett hundertprozentig total unverständlich auch diesmal.

Als der Strom der Silben mit einem kleinen Knacken versiegte, stand ich von edler Einfalt erfüllt und stiller Größe, vom Scheitel bis zur Sohle durchwirbelten mich Anmut und Würde und sirrende Leere, nichts war ich mehr als ein vollendeter Hohlkörper, ein Resonanzraum des kategorischen Imperativs, atemlos umschwiegen von den Zapfsäulen der Welt

während in der Pariser Metro ein Penner, umstellt von Plastiktütenschätzen und schönen Frauen, am andern Ende des Waggons lärmte ein Akkordeonspieler, während der Penner, die Augen geschlossen: ein spitzes Holzstäbchen beschleckte, mit dem er sich soeben das Schmalz aus den Ohren gepult . . .

umgeben rundum von der allerselbstvergessensten Ruhe. Der Chevrolet. Die Tankstelle. Ein blasser Himmel. Die Landstraße. In der Ferne die Autobahn. An deren Ende Savannah auf mich wartete. Das ich niemals erreichen würde, niemals.

Da begriff ich, in dieser langsamen leeren Sekunde, daß ich keine andre Wahl mehr hatte. Und gab auf. Gab zu, daß mir neun Jahre Englischunterricht, daß mir der eine oder andre Aufenthalt in England, ja sogar im Norden, im Osten, im Westen der USA nichts gebracht hatten, gar nichts, um hier, im großen alten Süden, zu überleben, gab auf und ging festen Schrittes zum Kassierer. Der eine Kassiererin sein würde, wie ich der Stimme als einziges zu entnehmen gewußt, eine riesige prallrunde Kassiererin in Jeans und grob gemustertem Baumwollhemd, umtürmt von riesigen prallrunden Popcorntüten, wie ich der Stimme zu entnehmen gewußt, mit wasserstoffblonden Locken und roten kaugummigefüllten Backen und einem Lachen, das nur mir gelten würde, oh ja, ich ging hin.

Als ich die Tür aufstieß, hatte ich mit meinem Leben abgeschlossen. Die Kassiererin aber war so schwarz und so schlank, wie sie wirklich nicht hätte sein müssen, so schwarz und so schön, daß ich auf der Stelle gern so getan hätte, als habe ich mit dem Chevrolet draußen und der heimtückischen Zapfsäule und überhaupt: mit all dem andern außer ihr nichts zu tun. Da sprach sie mich freilich bereits an, erhob ihre Stimme und unternahm einen weiteren Versuch, mich in der Kunst des Tankens zu unterweisen. Wobei sie mich mit ihren weißen Zähnen bestrahlte, wobei sie mir mit ihren weiß lackierten Fingernägeln eine kleine Musik auf der Theke zuklopfte, eigentlich war sie viel zu schön, zu schlank, zu schwarz, um hier zu stehen, noch eigentlicher aber war sie – vollkommen restlos komplett hundertprozentig total ganz &

gar unverständlich, wie ihr die Silben in breiten Schwällen über die Lippen stürzten, eine Art Niagarafall der Sprache, mächtig über den Rand des Sagbaren hinüber- und mit gewaltigem Rauschen in mein Ohr hinabschäumend. Gebannt stand ich da, der tumbe Tor aus der Alten Welt, bis ihr das Lächeln knapper wurde, bis ich ihr ins Schweigen fiel: Nichts, nichts von all dem könne ich verstehen, kein einziges ihrer Worte, ich sei fremd hier, sei zu dumm zum Tanken, sie müsse mir helfen.

Woraufhin sie, ihre Fingernagelmusik mit einem kleinen weißen Tremolo beendend, einen Teil der Theke hochklappte und: mit mir zur Zapfsäule schritt, es fehlte gerade noch, daß sie mich dazu an der Hand nahm.

Dort allerdings ergriff sie die Zapfpistole, wie ich es getan, wählte die Benzinsorte, wie ich es getan, drückte den roten Knopf, wie ich es getan, nahm den Schlauch aus der Halterung, wie ich es getan, und steckte ihn, wie ich's – oh nein, bevor sie die Zapfpistole tief in den Tankstutzen des Chevrolets hineinschob, legte sie das untere Ende der Halterung, in der sie bislang geruht hatte, legte das hervorstehende Ende der Halterung mit einem kleinen schnellen Schnappgeräusch um, wie ich's *nicht* getan hatte, klappte's nach oben, wie ich's *nie & nimmer* getan hätte, wo bittesehr wäre das in der Bedienungsanleitung wenigstens mit einem versteckten Hinweis angedeutet gewesen, so daß es auf merkwürdig unbeholfne Weise nach oben stand, das Teil. Einen Augenblick später ertönte ein Summen, als ob ein Kühlschrank ansprang, und die Ziffern der Tanksäule drehten sich allesamt auf Null.

Wie die Kassiererin dann aber stand, die Zapfpistole fest in der Hand, wie das Benzin solch vertraute Geräusche erzeugte, während es durch den Schlauch rauschte – es klappte! es klappte! –, solch vertraute Geräusche, als werde auch hier nach Litern und nicht etwa nach Gallonen abgerechnet, da schien mir alles wieder derart wohlgeraten, daß ich den ganzen alten Süden umarmen wollte, und weil sich das von selbst verbot: daß ich wenigstens *sie* umarmen wollte, die mich vor ihm gerettet.

Weil sich aber auch das von selbst verbot, schwieg ich sie in tiefer Demut an und versuchte, mich zu entspannen.

Die Kassiererin schwieg zurück und – zapfte weiter.

Als der Tank gefüllt war und ich mich zumindest dazu durchringen wollte, sie nach dem Statesboro Blues zu fragen, zog sie die Zapfpistole zurück und steckte sie, nicht ohne deren Halterung zuvor wieder herunterzuklappen, an ihren angestammten Platz, ein bestechend sinnvoller Vorgang. Abschließend strahlte sie mich noch einmal mit ihren weißen Zähnen an – freilich stand sie da schon hinter der Theke – und zeigte mir zwischen ihren weißen Fingernägeln den Kassenbon.

Da fragte ich sie.

Strahlend schüttelte sie den Kopf, nahm meinen Hundertdollarschein in Empfang und schwieg.

Um China kommt keiner herum

Zwischen Kanton und Hongkong, Mai 1988

Eine gewisse Gustava Grützmacher, über deren Alter und akademischen Grad gerätselt werden durfte, pensionierte Dozentin jedenfalls aus Hamburg-Pöseldorf, korrekt stets ausstaffiert mit beigefarbner, cremefarbner, eierschalenfarbner Kostümierung, faltenlos aufgebügelten Blusen und, als kleinem kecken Clou, leicht schiefsitzender Baskenmütze: bereiste China. Umreiste es eher, umkreiste es, ließ sich in großem Bogen darin darum herumfahren – an sämtlichen Haltepunkten ihrer organisierten Tour, wenn die andern Teilnehmer in hastiger Hobbyphotographenneugier hinausdrängten aus Bus, Bahn oder Rikscha hinausschoben, Idealperspektiven für die neuen Sehenswürdigkeiten zu erhaschen, begnügte sich Frau Grützmacher mit dem Blankoblick derer, die schon zuviel von der Welt gesehen haben, um noch auf Überraschungen zu hoffen: Draußen war's ihr zu heiß oder zu kalt, zu windig, zu schwül, draußen lag einfach zu weit weg. Um wieviel näherliegender war's doch, dezent am Rande der touristischen Ereignisse zu verharren, sprich, zu harren der Postkarten, die da kommen mochten, mitgebracht von einigen barmherzig Mitreisenden; und daß in diesem Land anstelle der Abfallkörbe gelb glasierte Drachen bereitstanden, die ihr

Maul aufsperrten, daß sogar die Fahrräder über Nummernschilder verfügten (weil die gute neue Zeit begonnen hatte) und die Omas am Straßenrand, notdürftig auf Stöcke gestützt, trotzdem arg herumhutzelten (weil die schlechte alte Zeit, in der man Frauenfüße schnürte, noch nicht ganz beendet war): das sah man ja auch, wenn man einfach sitzen blieb, nicht wahr?

Im Grunde hatte sie während all der Wochen nur zwei Auftritte, deren erster gleich zu Beginn der Tour, in einem Pekinger Kaufhaus, stattfand, wo's Teebecher mit Deckeln und ansonsten leere Regale gab. Dort erklärte sie einer freundlich staunenden Ansammlung von Verkäufern, erklärte auf deutsch, sie wolle Keramik-Fingerhütchen kaufen: Wie damals, als sie zum ersten Mal hier gewesen. Mit ihrem Mann. Die seien so hübsch bunt. Man sah sie mit großen Augen an, rief weitere Verkäufer zu Hilfe, bald war sie umringt von Chinesen, auf die sie reihum unberirrt einsprach, in wohlgesetzten deutschen Sätzen. Bis unsre Reiseleiterin auftauchte und für einen glücklichen Ausgang der Geschichte sorgte.

Ja, da war ein Lächeln übers Gesicht der Frau Grützmacher gehuscht; wohingegen sie den Rest der Fahrt, in unserm mit Thermoskannen (grüner Tee), mit Lokalgottheiten (taoistisch) und dem örtlichen Zusatzreiseleiter Stadt für Stadt bereitgestellten Bus, wohingegen sie den Rest der Fahrt bloß pro forma absolvierte, sich weder für die kleinen Jungs interessierte, die mit Schlipsen herumliefen und Schlitzen im Hosenschritt, damit sie jederzeit zu Potte kommen konnten, noch für die größern Jungs, die sich schon übten, herumstehende Spucknäpfe nach Art der Alten zu füllen: Den Duft eines schweren Herrenrasierwassers verströmend, sich die

Schweißperlen von der Stirn tüpfelnd, saß sie volle fünfunddreißig Tage lang vor hinter neben zwischen uns, sah aus dem Fenster, schwieg.

Während wir andern bei jeder sich bietenden Gelegenheit auf & davon zogen: zu einem Bauern nahe der chinesischen Mauer, tatsächlich war der Boden seiner guten Stube lehmgestampft, und Zuckerwasser tranken; zu einem Friseur in Tsingtau, der uns Stoppelköpfe verpaßte und anschließend mit Hingabe massierte; zu den Gärten der anspruchslosen Amtsperson, des Meisters der Netze und des dreifachen Schweigens; zu den Schattenboxern am Morgen und den Garköchen am Abend; zu Fächerfabriken, Seidenspinnereien, Tigerpagoden, Hügeln und Tempeln der tausend Buddhas: ohne Frau Gustava Grützmacher.

Vielleicht phantasierte sie sich in der Zwischenzeit eine ganz andre Reise zusammen, durch ein früheres Jahrhundert oder eine untergegangne Welt? Mit immergleichem Lächeln begrüßte sie uns am Frühstückstisch, entließ sie uns aus dem Bus, empfing uns dort wieder, wenn wir die Sehenswürdigkeiten des Tages ausreichend gesehen und gewürdigt hatten: auf daß wir ihr berichteten. Denn wir mochten sie; und obwohl sie in unsern Augen lediglich die Leerstellen der Tour erlebte, all das, was nicht zur Sache selbst zählte (Mahlzeiten, Hinfahrten, Rückfahrten), empfanden wir das nicht etwa als merkwürdig sinnlose, sondern als durchaus würdevolle Art, das riesige Land zu bereisen. Es gehörte ja wohl eine gewisse Charakterstärke dazu, so einigten wir uns beim Fruchtcocktail in Qufu (der dann hauptsächlich aus durchsichtigen Pilzen und Lotusblumenkernen bestand), vielleicht auch bei einem Glas Zuckerrohr, das man für uns am Straßenrand von

Nanjing auspreßte, es gehörte ja eine gewisse Abgeklärtheit dazu, die Kenntnisnahme eines Landes derart gelassen zu verweigern, dessen Umreisung, Umkreisung viele tausend Mark gekostet, und sich auf Sitzplatzperspektiven zu beschränken, bestenfalls ein paar Schritte um den wartenden Bus herum zu machen und dabei die entsprechenden Photos: von riesigen Reklameschildern, die zur Familienplanung mahnten; von sechsspurigen Straßen voller Fahrradfahrer, die alle gleich aussahen; von vereinzelten Hunden, deren Urahnen den kulturrevolutionären Totschlägertrupps entgangen waren.

Apropos Photos. Wir kamen von einem greisen Mönch in Wuxi, der – bevor er eine Begräbnislitanei für uns intonierte – erst mal sein Gebiß einsetzte, kamen von einem Teich mit karpfengroßen Goldfischen zurück, Souzhou, von einer Zickzackbrücke gegen böse Geister, die bekanntlich nur geradeaus gehen können, Shanghai, da bat sie mich, ausgerechnet mich, ihre Kamera zu öffnen und nachzusehen, »ob alles noch stimme«. Es half kein Hinweis auf unerbittliche Belichtungsprinzipien, keine geheuchelte Klage über unwiederbringliche Verluste an Motiven, ich konnte mich einfach nicht verständlich machen. Nahm also den Apparat, öffnete ihn und stellte fest, daß nichts auszusetzen daran war.

Apropos Hunde. Als wir ihr in Kanton vom Markt erzählten, auf dem neben Adlern, Fröschen, Eulen, Käuzchen, Tausendfüßlern, Käfern, neben vielerlei lebenden wie toten Potenzmitteln auch Katzen und Hunde feilgeboten wurden, in kleinen Käfigen, zum alsbaldigen Verzehr bestimmt, schlug sie mit einem Mal beide Hände überm Gesicht zusammen, und als sie die Hände sinken und nach dem Taschentuch tasten ließ, stand ihr das Wasser in den Augen. Am liebsten hätte sie ihnen auf der Stelle die Freiheit erkauft, »den armen Tieren«, und war drauf & dran, der Reiseleiterin einen beträchtlichen Geldbetrag zu übergeben, die Tränen rannen ihr ins Make-up, um damit so vielen Hunden wie möglich das Leben zu retten. Und, falls noch was übrigbliebe, der einen oder andern Katze.

Vielleicht um sie zu beruhigen, vielleicht um die Gelegenheit zu nutzen, uns wichtig zu machen, hoben wir an, von andern Märkten zu künden, von toten und fasttoten Tieren, denen wir dort begegnet:

- von abgehäuteten Karnickeln auf dem florentinischen Mercato centrale, und wie sie einen recht traurig angeschielt;
- von riesigen Thunfischleichen, den Spuren ihres Blutes auf dem Fischmarkt in Male;
- von einem Markt nahe Pagan, wo man, bedröhnt von den Lautsprechern des Staatsrundfunks, bezupft von kleinen Kindern, die einem Hemd-Hose-Schuhe-egal-was abhandeln wollten gegen Opiumgewichte (wahlweise Rubine), wo man an die aufgestapelten Köpfe der Ziegen geraten sei, gleich anschließend ans Gedärm derselben, wie's vor aller Augen ausgedrückt wurde mit den bloßen Händen;
- gewaltige Aale hatte einer wer-weiß-wo gesehen, denen man mit einer Nagelschere zu Leibe gerückt;
- ein andrer war in Singapur, ausgerechnet in Singapur, wo man nicht mal auf die Straße spucken dürfe und die Lieferwagen Signallampen auf den Dächern hätten, die bei Überschreitung des Tempolimits selbständig aufleuchteten! war Zeuge davon geworden, wie man eine Schildkröte aus ihrer

Wasserschüssel herausgehoben mit Hilfe eines Eisenhakens. Und mit dem Stiel des Hakens angesetzt habe, sie an der Seite aufzubrechen, noch heute klinge ihm das Knacken des Panzers im Ohr.

Was Frau Grützmacher indessen nicht mehr berühren konnte. Bis Hongkong blieb sie, gefaßt und sehr still, an diversen Busfenstern sitzen, je südlicher wir kamen, desto bunter wurde's, desto lebensfroher, obwohl sich der Monsun täglich mühte, die Reise zu vermiesen. Was auch immer geschah, was auch immer wegen Überschwemmung *nicht* geschah, für Frau Grützmacher rauschte's gleichmäßig an ihrem Busfenster dahin. Fast alles.

Denn kurz vor Ende ihrer Reise geriet sie an den Richtigen: einen Naturburschen von barfüßiger Nonchalance, rosagrünviolett gewandet, lange Unterhosen baumelten ihm samt Seitenstreifen aus einer Bermudashorts –, einen nicht ganz typischen, nicht ganz untypischen Südchinesen, der sich mit Händen & Füßen kaum artikulieren konnte (abgesehen von den auf Englisch aus ihm heraussprudelnden Namen der Sehenswürdigkeiten, denen er uns zuzuführen gedachte): und sich dennoch, von einem kleinen einäugigen Hund an seiner Seite aufs munterste beglaubigt, als der hiesige Reiseleiter vorstellte, »Okeh?« Wundern wollten wir uns inzwischen über nichts mehr, überdies sprang der kleine Hund schon bellend voraus, dem ersten Tagespunkt entgegen, und womöglich waren die offiziellen, die ausgebildeten Fremdenführer ja gerade zu einem Hochwassereinsatz abkommandiert worden, wer weiß, in diesem Land war alles möglich.

Also absolvierten wir das touristische Standardprogramm, mit mächtiger Bugwelle durchschwamm unser Bus die überfluteten Straßenzüge, setzte uns an mancherlei Fünf-Feigenbaum-Pagoden und Trommeltürmen und schließlich auch an einem Aussichtshügel ab. Der nach einem viertelstündigen Anstieg nur ein regenverhangnes, ausgewaschnes, nicht ganz farbechtes Reisterrassenpanorama präsentierte; während Frau Grützmacher, heute vielleicht gar heimlich beneidet, am Fuße des Felsens flanierte. Neben dem Bus, ein eierschalenfarbner Strich in der Landschaft.

Fast schien sie uns ein wenig aufdringlich entgegenzuleuchten, ein wenig besserwisserisch, wie wir da, leicht entnervt und mit durchnäßtem Schuhwerk, wie wir dem Bus wieder zustrebten, hinweg von diesem verschlammten Ensemble aus völlig überflüssigem Aussichtshügel und noch überflüssigerer Wolke darüber, die sich in wenigen Minuten sicher öffnen würde. Aber halt! schien uns der Führer aufmuntern zu wollen, während er in der Türöffnung des Busses den Weiterweg verstellte: Nicht so voreilig! Sein auswendig eingetrichtertes Ortsverständnis, Pflichtbewußtsein oder ein mächtig in ihm wirkender Drang zur Vollständigkeit zwang ihn, uns zu zwingen: eine weitere Sehenswürdigkeit ordnungsgemäß zur Kenntnis zu nehmen, eine *im* Berg zu besichtigende Höhle der tausend Buddhas. Dochdoch, das müsse sein, da ließ er nicht mit sich handeln. Und wie er sich aus der Bustür herausstemmte, den einen oder andern mit brauner Hand gen Hügel schiebend, gen Höhle, vielfaches »Okeh?« von sich gebend, geriet er an Frau Gustava Grützmacher, die schließlich auch zurück wollte zu ihrem angestammten Fensterplatz.

Geriet an Frau Grützmacher.

Noch ehe die sich überhaupt erklären konnte, immerhin

ging sie ein wenig problematisch, war sie unterwegs, »Okeh?«, und wie sie der kleine Hund so freudig umsprang, war sie dabei, sich unterzuhaken. Andernfalls hätte sie so schnell gar nicht mithalten können, der Ortsführer zog unaufhaltsam in Richtung tausend Buddhas, zog Frau Grützmacher an seinem mit den Streifen einer sehr alten Trainingsjacke geschmückten Arm, zog sie einfach mit. Was also blieb uns übrig, als den beiden zu folgen?

Wie vorauszusehen, sackte der Gang zusehends ab, verschlammte, zwang uns, die Hosen hochzukrempeln. Bald sahen wir den Weg kaum noch, wollten schon umkehren, doch vereinzelt vor uns aufspritzende »Ohs« und »Ahs«, untermischt mit freudig erregtem Gebell, verrieten das Opfer, das zu bringen war, trieben die Meute hinterher: Hier würden, nach all der Schlechtlaunigkeit, die der heutige Tag über uns verhängt, zumindest die niedern Triebe befriedigt werden, die Schadenfreude über einen einzigen Fehlgriff, der den Menschen an sein Schicksal auslieferte, auch wenn er sich ein ganzes Leben lang davor hatte drücken können oder immerhin eine ganze Reise lang. An sein Schicksal auslieferte, das allem Anschein nach darauf hinauslief, unter anhaltendem Gebell im Schlick zu versinken.

Und richtig, so stand dieser Mensch denn schließlich am Ende des Gangs, in einer kleinen Höhle, umsprungen von der Munterkeit des Hundes, weiterhin den Arm des Führers umklammernd, der seinerseits ein Gratisgrinsen in die Runde bleckte, »Okeh?« Und auf seine zehn, noch nicht mal zehn lausigen Buddhas wies, die als zehn, noch nicht mal zehn in den Fels gemeißelte Sehensunwürdigkeiten aus matt angefunzelten Nischen auf uns herunterblinzelten. Was uns für ein paar Momente die Worte verschlug, und wie dann auch der Hund zur Ruhe kam, war's für eine lange leere Sekunde plötzlich so still

während am Rande des römischen Ruinenfelds von Dougga eine tote Kuh lag mit aufgedunsnem Körper und nur das Gesumm der Fliegen zu vernehmen war: wie sie zu Hunderten in ihr riesenhaft geweitetes Arschloch hineineilten oder hinaus . . .

so still, daß man vermeinte, die Buddhas atmen zu hören oder gar leise vor sich hinbrummen, die Buddhas. Am Ende eines langen Weges und keines Gegenblickes gewürdigt vom Menschen, der da stand, sein China-Erlebnis nicht hatte verhindern können und demzufolge jetzt nicht nur in sich selbst versinkend, in Gestalt einer schicksalsergeben schweigenden Dame im eierschalenfarbnen Kostüm, schlammbespritzt bis zur Gürtellinie, und stand: mit beiden Beinen und knöcheltief in China.

Die Afrikaschnarcher

Okaukuejo, Juni 2000

Namibia, felsgeprüfte Kargheit in Rot, in Gelb, in Grau. Leere Flußbetten, Dornen, Erdhörnchen. Heißer Wüstenwind, kalter Wüstenwind. Gewitter allenfalls, um den Staub aus der Luft zu waschen. Doch der Reihe nach.

Als Judy & Mike am ersten Abend ihr Zelt aufschlugen, eine schreibkursgeschädigte Katholikin, ein pensionierter Zauberkünstler, die sich im weitern Verlauf der Fahrt gern wechselweise ihrer Heimat erinnerten (»Looks kinda like Wyoming, but those Rockies are a little bigger«), als Judy & Mike ihr Zelt aufschlugen, fragten sie rundheraus, wer von der Gruppe schnarche und wo diese, die Schnarcher, zu nächtigen beliebten –, aber nicht etwa, um sich in entgegengesetzter Richtung ein stilles Plätzchen zu suchen, nein, sondern um sich ebendort, im Kreise der Schnarcher, einzurichten: Auch sie selber, klärten sie uns auf, schnarchten gern und regelmäßig und seit Jahren. Wie's diesbezüglich denn mit den andern so aussehe?

Gut sah's aus, sehr gut sogar. Man wollte meinen, die Mopanebäume, unter denen wir unser Lager gewählt hatten, sollten mit vereinten Kräften abgesägt werden. Gab's überhaupt jemanden, der *nicht* schnarchte?

Jedenfalls bis zum Moment, da die Nilpferde kamen.

Tagsüber, wir waren in kleinen Booten durchs weitverzweigte Papyrusparadies des Caprivizipfels gefahren, hatte man sie bereits zu Dutzenden genossen, wie sie aneinandergeschmiegt am Ufer lagen und der Verdauung frönten, wie sie im flachen Gewässer standen und sich der Lotosblumen erfreuten, wie sie, listig blinzelnd, abtauchten, mit großem Gebrause drei, vier Minuten später auftauchten und dabei ihre Ohren durch die Luft rotieren ließen, als wollten sie uns durch Possierlichkeit in Sicherheit wiegen. Von einer Sekunde zur nächsten aber, ohne daß wir etwelchen Anlaß mitbekommen hätten, war's mit der Beschaulichkeit vorbei- und einer der Bullen hinter einem andern hergewesen, im ungemein flinken Nilpferdgalopp rasten sie beide entlang der Uferböschung, plumpsten plötzlich platschten hinein in den Fluß, verhakten dort ihre weit aufgerissnen Mäuler ineinander, stießen sich die scharfgeschliffnen Hauer ins Fleisch, oh nein, das konnte man selbst als Tourist nicht mehr mißverstehen, und dann jagten sie auch noch unter unsern Booten hindurch – kleinen Kanus, die sie weiß-Gott locker hätten entzweibeißen können –, ehe sie, schnaubend, im Gewimmel der Herde verschwanden.

Wenige Stunden später, wir hatten mit ein paar Zambesi- bzw. Castle-Bieren das Abenteuer besiegelt, lagen wir in unsern Schlafsäcken, und sogar mein Zeltgenosse, der mir in die Hand versprochen hatte, er schnarche nicht, schloß sich der geräuschvollen Gemütlichkeit des allgemeinen Ein- und Ausatmens gern an.

Dann aber kamen sie.

Kamen ebendort an Land, wo wir unser Zeltlager, unser

Schnarchlager aufgebaut hatten, wir mußten das Kunststück fertiggebracht haben, uns exakt auf ihren nächtlichen Weidegründen einzurichten, kamen unter Absonderung eines heiseren Geknarzes unüberhörbar an Land, hoben sogleich an, ob unsrer Anwesenheit aufgeregt hin & her zu rennen, gerieten dabei in ihrer Kurzsichtigkeit des öfteren gegen einen Baumstamm, es krachte erheblich, und daß sie das nicht bloß taten, um ihre Munterkeit auszutoben, war dem empörten Gebrüll deutlich zu entnehmen: weithin hallenden Baßtönen, die aus der Tiefe großer hohler Tonnen zu erdröhnen schienen, unverblümt schlechtlaunig. Wie, wenn sie in ihrer Verstörtheit auch mal eins unsrer Zelte übern Haufen rennen würden?

Was sie seltsamerweise nicht taten, im Gegenteil: Das Gelärme ließ langsam nach, sie schienen sich an sämtlichen Baumstämmen abgearbeitet und schließlich ihres Appetits erinnert zu haben, den Rest der Nacht war nur noch ein gleichmäßiges Geschnaufe, Gegluckse zu vernehmen, ein heiteres Rupfen und Raffen und Schnalzen und Schlabbern, bisweilen ein überraschtes Aufprusten vielleicht Aufgrunzen, insgesamt jedoch ein friedfertiges Konzert, in das erst Judy & Mike, dann die übrigen Vertreter der Gruppe aufatmend einfielen: Einträchtig musizierten wir durch den Rest der Nacht, der Geselligkeit pflegend, und so schnarchten wir auch die weiteren Wochen dahin.

Schon im Verlauf des übernächsten Tages verschwand fast jegliches Grün aus der Landschaft, schoben sie sich vom Horizont her in all ihrer Größe heran: strohgelb beflaumte Ebenen, in denen als schwarzes Einsprengsel schweigendes Getier mit und ohne Gehörn herumstand, dahinter der herbe

Grat des Gebirgs, zerschieferte Urgewalt, unwirtlich schön. Geröllfelder, verdorrte und versteinerte Hoffnung, Basaltfelsen als Orgelpfeifen getarnt. Bleiche Stachelsträucher, blattlos, mit dunkelgelbrunden Blüten; kreisende Adler im Firmament.

Oh, wir sahen, was es zu sehen gab. Die Felszeichnungen der Buschmänner. Graugrün verschrumpelte Wüstenpflanzen, die mit ihren Blättern seit tausend Jahren übern Sand griffen. Eine Mondlandschaft in zartmarmoriertem Violett (»Looks kinda like South Dakota, but those Badlands are a little bigger«). Am Stadtrand von Windhoek eine Plastik aus Springbock, Gepard, Affe, Perlhuhn: die Bremer Stadtmusikanten auf Afrikanisch. Buntumwallte Hererofrauen mit Turban, dessen Enden sie beidseits der Stirn zu spitzen Hörnern geknotet hatten. Manchmal ein Affenbrotbaum in seiner riesigen Plumpheit, manchmal ein Nebel, der sich grau übern Schotter schob. Dann wieder nur erhabne Trümmerwelten, spröde Tage unter kompromißlos aufgespannten Himmeln.

Und weil das alles so ganz ohne unser Zutun dahinlief – ein wunderbar gleichmütiges Glücksgleiten durch lauter Landschaft, auf der Ladefläche eines alten Lastwagens, dem gleichmäßigen Dröhnen des Diesels lauschend, mitunter den landesüblichen »Eet-sum-mor«-Keksen zusprechend, während rechtslinks der Straße kilometerlang lediglich Zäune der Gästefarmen vorbeiglitten, hinter denen andre Touristen andre Geschichten erlebten, Jagdgeschichten, »Big Five«-Geschichten –, weil also nichts wirklich hier zu verpassen war, ohnehin hatte manch Sehenswürdigkeit wegen Faulheit geschlossen, fanden bereits am Nachmittag leichte Schnarchanfälle statt.

Abends, am Lagerfeuer, liebte es Mike, das Verzehren des Selbstgegrillten durch Vorführung von Zauberkunst aufzulockern. Was ihm mit Regelmäßigkeit auch gelang; wenig später wurde's winterlich kalt, wer keinen Daunenschlafsack hatte, durfte frieren. Und den Geräuschen der belebten Natur lauschen.

Wieviel's eigentlich waren, die Nacht für Nacht um die Wette tönten, ließ sich nie genau sagen, gelegentlich konnte ich mich des Verdachts nicht erwehren, daß in Judys & Mikes Gesellschaft sogar die zerborstnen Riesenfelsen rundum ins Mitschnarchen gerieten. Wobei ich, man gewöhnt sich anscheinend an vieles, das allnächtlich anhebende Geschnorchel bald als ein Oratorium der Stille zu hören beschloß, anders wär's wahrscheinlich kaum zu ertragen gewesen, als anheimelnden Kanon der Friedfertigkeit –, gemahnte's doch ans genügsame Geblök einer Schafsherde, vielleicht gar einer Robbenkolonie, wie wir sie an der Küste vernommen: kurzfristig nur übertönt durchs aufrülpsende Imponiergehabe irgendeines Männchens, dann wieder der seit Urzeiten während Wechselgesang, das immergleiche An- und Abschwellen, ergänzt durch die Musik des Meeres.

Bloß einer fiel nicht in den Chorus ein – Boniface, unser Fahrer, ein strikter Anti-Alkoholiker, der in zufriedner Symbiose mit seinem Mercedes lebte, selbst seine Abende am liebsten im Führerhaus verbringend, »No wörris, mäits«, noch lang über schlechten Straßenkarten dort brütend, Boniface, der eigentlich Ambasa hieß, was ihm freilich zu kompliziert für unsre Zungen dünkte und überdies dem Zustand wenig angemessen, daß er unlängst zum rechten Glauben gefunden: »When häf ju bin seefd?« fragte er jeden, und das umso eifriger, als wir seinem trotz christlicher Erweckung heftig fortherrschenden Aberglauben bald auf die Schliche kamen. Bei jeder sich bietenden Gelegenheit intonierte er heidnisch anmutendes Beschwörungsgesums, sozusagen Suaheli für Fortgeschrittne, das wir nur allzugern verstanden hätten. Nachts jedoch war von ihm kein Mucks zu hören. Was allerdings auch daran liegen konnte, daß er sich sogar zum Schlafen nicht von seinem Gefährt trennen wollte. Sondern aufs Dach desselben kletterte, wo er sich eine Art aufklappbaren Kasten hingeschweißt hatte, ein mit Kissen und Polstern ausstaffiertes Gehäuse; und wenn er dann den Deckel über sich zuzog, war er für uns von der Welt verschwunden.

Nun begab sich's aber, daß uns nach Abwechslung verlangte in dieser Ödnis, nach großen wilden Tieren verlangte, die uns von Boniface versprochen und die sich, der Etosha-Nationalpark war ja erst als abschließender Höhepunkt der Tour vorgesehen, die sich landauf, landab meist im Verborgnen hielten. Weil Boniface ein ebenso gutmütiger wie um unser Wohl besorgter Mensch war, »No problem, mäits«, schuf er Abhilfe: und wies uns an jedem Rastplatz zumindest die Spuren derer, die wir so gern mal aus nächster Nähe erlebt hätten. Weil unser Interesse an Tatzen- und Hufabdrücken indessen schnell erlahmte, suchte er für uns bald auch, seine tapsigen Bewegungen wurden erstaunlich behende, fand er für uns bald auch weitere Zeugnisse jener Tiere – »Okeh, foks, de iivning nuus« –, und wie wir uns selbst mit seiner Interpretation verschieden frischer Scheißhaufen nicht mehr zufriedenstellen wollten, ohnehin waren seine Darlegungen schwer zu verstehen, weil er gewissen englischen Vokabeln noch ein, zwei Gratissilben anzuhängen wußte, wie wir also weiterhin nach mehr verlangten, verfiel er darauf, uns die betreffenden Tiere ganz einfach vorzuspielen: wobei er sich als vorzüglicher Stimmenimitator erwies.

Obwohl er oft und gern und laut lachte, sein wohlbeleibtes Wesen wirkte als Resonanzkörper, verstand er bei dieser Angelegenheit keinen Spaß, schließlich hatte er mehrere Familien zu versorgen – Tierstimmenimitation war Chefsache. Zahlreiche Vertreter der südafrikanischen Fauna wußte er uns durch Fauchen und Brüllen dermaßen plastisch zu verdeutlichen, daß wir uns mehr als einmal erschrocken ansahen, weil wir's im nächsten Moment mit einem leibhaften Leoparden oder Büffel zu tun bekommen würden. »No wörris, mäits«, beruhigte uns Boniface dann mit der Gelassenheit dessen, der täglich über acht Zylinder gebot und sich selbst gegen einen mittelgroßen Elefanten gefeit wußte: Derlei lerne man während der Ausbildung zum Reiseleiter; und falls unsre Ausbeute an deutbaren Ausscheidungen ein paar Tage lang mäßig gewesen, imitierte er am Lagerfeuer den Schrei eines Falken, sozusagen als Bonus track, imitierte das nervöse Aufkreischen der Affen, das leise Fiepen der Zebras, wenn sie reglos in der Steppe verharren, das Stöhnen des Löwen bei jedem Tritt, wenn er sich der Wasserstelle nähert, doch nur, wenn derlei durch die örtlichen Gegebenheiten beglaubigt war: Als wir eines Abends, leicht angetrunken, einen Bären von ihm forderten, weigerte er sich rundweg, und als wir ersatzweise ein Nilpferd einklagten, verzog er sich in sein Blechgehäuse und klappte den Deckel hörbar zu – Tierstimmenimitation war schließlich Chefsache.

Ersatzweise begannen wir, selber ein bißchen zu imitieren und, weil uns das natürlich nicht gelingen wollte, wenigstens in die Welt hineinzulauschen, sobald sie stiller wurde – des Mittags aufs plötzliche Lospropellern riesig schwarzer Insekten, aufs Getschilpe der Siedelsperlinge in ihren gewaltigen Gemeinschaftsnestern, das Turteltaubengegurr im Geklüft der Tafelberge, des Nachts, sofern wir nicht dem choralen Ein- und Ausatmen oblagen, aufs Zirpen der Zikaden, aufs ferne Keckern der Hyänen, aufs Grollen der Panther, wenn sie sich in der Morgenstunde paaren. Sogar in Swakopmund, einem ehemals deutschen Kolonialstädtchen an der Küste, wo's Gartenzwerge, Guglhupf und Erdinger Weißbier gab, belauschten wir Tiere: in den Einweckgläsern des örtlichen Museums. Belauschten handspannengroße Löwen, Hunde, Katzen, Kühe, als ungeborne Leibesfrüchte in reichlich Spiritus, und Boniface blickte sie so lang mit blanken Augen an, daß wir auf Stimmenimitation hier ausnahmsweise verzichteten.

Auf diese Weise brachten wir Stadt und Land und selbst die große Wüste Namib hinter uns – von roten Wanderdünen waren wir, bäuchlings auf schmalen Preßspanplatten, runtergebrettert: mit achtzig Stundenkilometern –, auf diese Weise kamen wir, unter gewaltigen Wolken aus Graphit, kamen ans Ziel unsrer Reise, in eine flimmernd flache Salzpfanne namens Etosha. Drei Tage noch, »Looks kinda like Utah, but that Great Salt Lake's a little bigger«, drei Tage zwischen verhärmten Akazien und solch zahlreich sich zeigendem Großwild – Elefanten, Giraffen, Zebras, Antilopen mit schraubenförmig verdrehtem, säbelartig geschwungnem oder spießgeradem Gehörn –, daß wir vor lauter Tieren irgendwann nicht mehr wußten, wohin gucken: und sie mit zotigen Zurufen zu vergraulen, wo nicht gar zu vertreiben suchten.

Am späten Nachmittag aber des dritten Tages fanden wir uns im Camp von Okaukuejo ein, am Südrand des Nationalparks: Zwar ein wenig beengt und also dicht an dicht um unsern Lkw gedrängt, umzäunt durch mannshohen Stacheldraht, lagerte man hier direkt neben einem Wasserloch, das noch dazu die ganze Nacht über mit Flutlicht hell ausgeleuchtet sein würde. Und weil wir heute zwei Löwen mit einem einzigen Gnu beobachtet hatten, an dem sie sich recht ruppig zu schaffen gemacht, bis es umfiel, am Rand des Geschehens huschten nervös schon Schakale, weil wir also wirklich alles alles alles gesehen hatten, was uns in diesem Lande aufgetragen, gab's Grund zu feiern.

Bereits zum Sonnenuntergang bezogen wir Stellung hinterm schützenden Zaun, mit Getränken gerüstet, mindestens großartig mußte der letzte Abend ausfallen. Daß aber fast gar keine Tiere auftauchen wollten aus der tiefdunklen afrikanischen Nacht, und wenn doch, daß sie dann, mit riesig aufgeklappten Ohren, fast reglos im Rampenlicht verharrten, statt sich vor unsern Augen zu zerfleischen oder dem Artgeschäft zu widmen oder wenigstens ins Wasser zu stürzen und wild darin herumzuplantschen: das hatten wir nicht so geplant. Schließlich vermixte Mike den Obstsaft in seiner Aluflasche mit Whisky und Rum zu einem »Bye-Bye-Africa-Drink«, schmeckte ihn entschlossen ab und, die Flasche an Boniface weiterreichend, forderte ihn auf, eine durstige Tüpfelhyäne für uns zu machen, andernfalls er selbst sie herbeizaubern würde.

Umgehend ergriff Boniface die Flasche und verfiel in mißtönendes Gekreische, dem gräßlichen Gelächter einer Urologengattin nicht unähnlich, und in Sekundenschnelle verwandelten auch wir uns und taten's ihm gleich. Als Mike einen durstigen, einen sehr durstigen Elefanten einklagte, schlenkerte sich der gute Boniface, ohne lang nachzufragen, sofort die Flasche vor die weit aufgewölbte Unterlippe, tatsächlich konnte man dabei an die Bewegung eines Rüssels denken, jedenfalls bemerkte er vor lauter Eifer gar nicht, was er in sich hineinschüttete. Wonach er nicht etwa einen gellenden Trompetenstoß von sich gab, sondern ganz leise stöhnte, wie einer, der mit seinem Stöhnen niemand stören möchte.

Kurz drauf war er sich nicht zu schade, zwei Nashörner zu imitieren, jawohl: *zwei* Nashörner, so lautete die Aufgabe, die ihm gestellt und der er sich, sehr zum Ärger all der andern, die mit uns hinterm Zaun harrten, »Pssst!«, der er sich mit Bravour entledigte.

Nachdem Mikes »Bye-Bye-Africa«-Flasche mehrfach die Runde gemacht und wieder nachgefüllt war, kam immerhin, sieh an, ein kleiner Luchs, von aufgeregt kieksenden Schwirrvögeln ausgiebig angekündigt, oder war das ein Fuchs, waren das *zwei* Füchse, die sich da vorsichtig? Umso besser. Weil sie jedoch beide nicht mal trinken wollten, trank Boniface und bellte heulte knurrte sie mit Inbrunst herbei, der eine der drei Füchse drehte tatsächlich den Kopf in unsre Richtung, Prost Fuchs, Prost Luchs, dann aber waren wir so mit Lachen beschäftigt, »Schschsch!«, daß wir gar nicht mitbekamen, wie sie sich alle vier verdrückten.

Obwohl sich im Anschluß daran wirklich nichts & niemand mehr an diesem berühmten Wasserloch zeigen wollte, vermochten wir Boniface nicht zu bewegen, uns Robben nachzumachen, und auch den Wunsch nach einem Nilpferd wehrte er ab: Selbst unter beständigem Zuspruch von »Bye-

Bye-Africa« beharrte er darauf, ausschließlich Tiere zu imitieren, die immerhin kommen *könnten*. Eine weitere Weile gaben wir uns folglich vergleichsweise wortloser Wasserlochbetrachtung hin. Bis wir davon derart betrunken waren, daß wir einander versicherten, der Abend sei mindestens großartig ausgefallen – vorausgesetzt, Boniface mache uns zum Abschluß noch einen Wal.

Also gut, dann aber den weißen Hai.

Wenigstens ein Nilpferd, bitte.

Boniface, ein einziges kleines Nilpferd, nun sei doch nicht so.

Vielleicht, weil er uns nach einer großen Reise morgen auch wirklich rundum zufrieden abliefern wollte, vielleicht, weil er schlichtweg zum ersten Mal in seinem Leben betrunken und nicht mehr Herr über all seine Tierstimmen war: gab Boniface schließlich nach. Und imitierte ein winzigkleines Nilpferd, kaum zu hören, es mußte gerade eben erst geboren sein. Herzliches, »Schschüt!«, »Haschsch!«, »Pschschi!«, »Schschu!«, Gelächter. Als wir ihn freilich fragten, wo er das gute Tier denn am Ende entdeckt habe, deutete er in großem Ernst durch den Maschendraht, »Rait ova dea, mäit«, ob wir's nicht endlich auch zur Kenntnis nehmen wollten? Wasserloch hin, Wasserloch her, es war höchste Zeit, den Urlaub zu beenden.

Mit Mühe fanden wir in unsre Zelte. Boniface hangelte sich, schwer atmend, hoch aufs Dach seines Mercedes, und obwohl er bis zuletzt noch ein winzigkleines rosiges Gegrunze von sich gegeben, fiel er mit lautem Gerumpel in seinen Blechkasten, nicht mal mehr den Deckel konnte er schließen. Sekunden später setzte rundum ein solch entschloßnes Schnarchen ein, daß mir vor Ergriffenheit schwindlig werden wollte –, fast hätte ich auch jenes Abschlußkonzert als eine wiewohl wildere Variation der Stille gelten lassen, fast.

Dann aber, so betrunken konnte ich doch gar nicht sein, kam er.

Kam unter Absonderung eines heiseren Geknarzes zügig näher, war im Grunde bereits da! Hob unverzüglich an, ob unsrer Anwesenheit empört aufzuschreien, ein weithin hallender Baß, der aus der Tiefe einer großen hohlen Tonne zu erdröhnen schien, erheblich mißgelaunt – was suchte *der* denn hier, seit wann gab's in dieser ungefälligen Gegend? Noch dazu solch massive Exemplare? So, wie sich das anhörte, war's gewiß ein gewaltiger Bulle mit gewiß gewaltigen Hauern, womit hatten wir ihn um-Himmels-willen denn dermaßen gereizt, daß er, »Ssst!«, gleich unsern Laster locker entzweibeißen würde oder, »Schasch!«, unsre Planen aufschlitzen, unsre Schlafsäcke? Selbst mein Zeltgenosse lag wieder hellwach. Und in der Tat, das wütende Getöse schwoll an zu einem einzelnen gezognen Ton – »What the hell ...«, hörte ich Mike nahebei auf Judy einflüstern, »sounds kinda like a hippo, but . . .« – das konnte doch wohl kein gewöhnliches Nilpferd sein, wie's hier mit Macht aus unsrer Mitte brüllte, schwer nach Luft ringend vor lauter Ungutmütigkeit, um nicht zu sagen –

– da, mit einem Mal, riß der Ton ab, das Tier verschluckte sich an seinem eignen Gebrüll, und es wurde für eine entsetzlich lange leere Sekunde so vollkommen still *während die gestapelten Kuhfüße auf dem Markt in Port Louis ihren Käufern entgegenwarteten, die gestapelten Hammelköpfe auf dem Markt in Tunis, die gestapelten Thunfischteile auf dem Markt von Male: und blutige Schleifspuren dazu am Boden glitzerten . . .*

so still, daß man's noch nicht mal atmen hörte in den Nachbarzelten. Und dann? Setzte Boniface erneut ein, kein Zweifel möglich, er hatte sich in Ambasa zurückverwandelt, derart heidnisch schnarchte er seinen Alptraum aus sich heraus, ein heftig geschnauftes Credo der Kreatürlichkeit. Das freilich von Atemzug zu Atemzug bald sittsamer ausfiel, nach wenigen Minuten sonderte er nurmehr, welcher Gott auch immer ihm vergeben haben mochte, sonderte winzigkleine behutsam rosafarbne Melodien ab, sozusagen Nilpferdgegrunz von Ungebornen. Da fielen Judy & Mike wieder ein, und bis zum Morgengrauen gab's ein befreit einträchtiges Schnaufen, Schlürfen, Glucksen rundum, vielleicht nicht die allerbeschwingteste Nachtmusik der ganzen Fahrt, sicher jedoch die allerfriedlichste.

Der Abschied anderntags fiel vergleichsweise tonlos aus, Boniface blickte uns so lang mit blanken Augen an, daß wir auf große Worte verzichteten.

Kaum in Deutschland angekommen, begab ich mich zur Expo und direkten Wegs dort in die Afrikahalle, keine Frage, zum Stand von Namibia. Der einigermaßen dürftig ausgefallen war, obwohl man sich ein Wasserloch aus Pappmaché geleistet hatte und, überm Tresen einer »Waterhole Bar«, einen Monitor, auf dem sich alle dreißig Sekunden neue Bilder aufbauten: »Live Images via web from Etosha National Park«.

Oh, ich nahm mir Zeit. Widmete mich einen Nachmittag lang, *www.africam.co.za/etosha/*, der erhabnen Kargheit des Wasserlochs, an dessen Ufer sich erstaunlich viel durstiges Getier einfand, freilich kein einziges Nilpferd. Ohnehin wurden bloß Bilder, keinerlei Töne übertragen – Tierstimmenimitation war und blieb Chefsache.

Der Mann, der ein Bär war

Kopenhagen/Paris/Seoul, September 1989/September 1999/
September 2009

Eigentlich hatten wir ja nach Amsterdam trampen wollen, damals. Da wir jedoch an einen VW-Bus gerieten, der bereits jede Menge fahrendes Volk samt entsprechender Anzahl Maultrommeln, Gitarren und Bongos an Bord genommen, disponierten wir kurzerhand um. Vielleicht hätten wir uns das etwas länger überlegen sollen.

Nicht, daß wir dann in Kopenhagen mit unserm Amsterdam-Reiseführer Probleme gehabt hätten, die Kleine Meerjungfrau zu finden oder das bunt verrammelte Christiania, wo sich, unter einer immerwährenden Ganja-Wolke, weitere Maultrommeln, Gitarren und Bongos entdecken ließen, oh nein. Aber abends, als wir – es war ein Samstag, ein ungemein lauer Septembersamstag, in allen Straßencafés surrte und gurrte das Leben –, als wir nach Genuß eines vegetarischen Smørebrøds, das sich geschickt unter acht Schinkenscheiben zu verstecken gewußt, mehr konnten wir uns bei diesen dänischen Preisen nicht leisten, abends, als wir uns so treiben ließen – wo auch immer man hinkam, ragten unversehrt alte Fassaden, wo auch immer man hinsah, wurde getafelt, getrunken, gelacht –, abends, als wir uns so mittreiben ließen im Menschenstrom, der um den Nyhavn schließlich wogte, zwischen den hellen Fensterfronten der Restaurants und den übervölkerten Tischen am Kai, wo man auf Efeuattrappen und das Hafenwasser blickte, die ankernden Jachten: da waren wir ziemlich glücklich, wir zwei.

Also schwebten wir unter einem nachtvioletten Himmel, auf dessen vereinzelte Sterne die Spitzen der Masten mitunter zeigten; die klackernden Ankerketten, die Windlichter auf den Tischen, die weißgewickelten Kellner mit ihren wendig ausbalancierten Bewegungen, die Schirme, unter denen die Heizstrahler glühten, die Touristen, die so lang hier im Kreis herumtrippelten, bis irgendetwas Einheimisches sich ihrer erbarmen würde, all die Samstagabendmüßiggänger, die sich, in einer Menschentraube ohne Anfang, ohne Ende, der guten Laune hingaben: sorgten dafür, daß wir noch ewig so hätten weitertreiben wollen, in dieser dahinwallenden Woge des Wohlbefindens. Wenn's da nicht vor einem der Restaurants, ich glaube, es war das »Havfruen«, einen Stau gegeben hätte, »um ein Haar« wäre ich auf den händchenhaltenden Shortsträger vor mir geprallt, einen Rückstau, der sich dann zögernd nur auflösen wollte: Mühsam drückte man sich an denen vorbei, die an den Tischen saßen, immer wieder geriet die Menschenschlange ins Stocken, geriet man ins Stolpern, schob man sanft voran und wurde sanft geschoben, bis –

– mit einem

Mal ein Hund zwischen den Tischen hervorhechelte, kläffend köterte er direkt auf mich zu, auf mich! Ausgerechnet, ich zuckte zusammen, und wie ich so plötzlich erstarrte vor Unverständnis, so vollkommen in meiner Entgeisterung verschwand, daß es für den Bruchteil einer Schrecksekunde ganz still in mir wurde *während ein Taucher auf einem Wrack im Indischen Ozean, die starke Strömung zwang ihn, sich auch an dunklen Stellen festzuhalten, von einem Drückerfisch überraschend kräftig in den Finger gebissen wurde . . .*

wie's plötzlich auch an den Tischen rundum so still geworden, daß ich zwischen den Pflastersteinen versinken wollte, gab's schon nichts mehr zu beschönigen. Denn als ich den Hund, der gerade mit einigem Grollen und Murren und mit beleidigter Miene zurück sich wieder zog zwischen zwei Tische, als ich den Hund nun entschlossen zu taxieren trachtete: war's gar kein Hund. Sondern ein Mensch, ein Mann, der sich auf allen Vieren offensichtlich seinen Samstagabendspaß hier machte, oder vielmehr: Völliger Ernst schien's ihm zu sein, noch im Rückzug fiel er nicht aus der Rolle, geiferte nicht nach Applaus von den Umsitzenden, zwinkerte keinem der Umstehenden zu, nein, ganz Hund war er auch jetzt, da er stumm verharrte zwischen all der unverhohlen auflachenden Schadenfreude, oh ja, ich hatte mich blamiert, und Zeit verstreichen ließ. Jedenfalls ein paar Sekunden, einige Paare durften arglos vorbeiflanieren, dann rasselte er wieder hervor aus seinem Versteck, ein wütender Bullterrier, und schnappte nach einer lachsrosarot kostümierten Dame, die sich auf der Stelle in einen kleinen lachsrosaroten Schrei verwandelte.

Aber bereits im nächsten Moment mitlachen mußte, im Gegensatz zu mir, im Gegensatz zu mir, und sich, die leicht verrutschte Baskenmütze geraderückend, zu all denen dazuquetschte, die das Schauspiel schon länger genossen. Da blickte ich die Frau an meiner Seite an und versuchte zu lächeln.

Oh nein, zu beschönigen versuchte ich nichts.

Je länger wir uns indessen – das wilde Hervortoben, das Erschrecken der Opfer, die allgemeine Schadenfreude mit halbem Auge verfolgend –, je länger wir uns über die Motive des Mannes stritten, desto klarer wurde's, daß ich tagsdrauf allein zurücktrampen würde.

*

Ein Jahrzehnt später, ich hatte eine Verabredung in Paris, war ich den ganzen Tag lang beschäftigt, die Vorfreude zu bezwingen: an jeder Ecke ein Delikatessenladen, ein Schuhgeschäft, eine Confiserie, überall Schaufenster mit Dingen, die ich mir nicht leisten konnte, Boulevards, unversehrt alte Hausfassaden – man bekam richtig Lust, größenwahnsinnig zu werden, so klein und überflüssig konnte man sich hier vorkommen. Beinah hätte ich, trotz anhaltenden Regens, vor lauter Staunen den letzten Bus verpaßt, mit dem ich noch einigermaßen rechtzeitig zu meinem Treffpunkt gelangen konnte: einem alten Bistro in St. Germain, ich glaube, es hieß »La Petite Chaise«, für dessen würdevollen Besuch ich mich den Tag über mit Milchkaffees beschieden hatte und Croissants.

Im glücklich bestiegnen Bus freilich – kaum ein Stehplatz war zu bekommen gewesen, umdrängt von wohlgekleideten Menschen und Plastiktütenschätzen saß ein Penner und stocherte sich mit einem langen Holzspan im Ohr –, im vollbesetzten Bus jedoch, der mich – schon Viertel nach acht war's und also höchste Zeit, nach nassen Regenschirmen roch's und allerhand halb ausgeschwitzten Parfums –, im überfüllten Bus, der mich zum Beginn eines wunderbaren Abends bringen sollte – wir steckten gerade im Stau auf der Place de la Concorde, der Penner zog sich den Span aus dem Ohr, betrachtete ihn sorgfältig und wischte ihn schließlich mit Zeigefinger und Daumen ab –, im Bus verdrehte's unvermittelt einem der wohlgekleideten Menschen den Kopf, ohn' jeden Anlaß durchzuckte's ihm die Halsmuskeln, und dann sank er, langsam und lautlos, in sich zusammen. Fiel einfach um. Was durch die eng an eng stehenden Fahrgäste fast verhindert wurde, im Grunde rutschte er lediglich ganz langsam tiefer – wollte ihm denn keiner beispringen? – und noch langsamer noch tiefer; wie ich als einziger endlich Anstalten machte, war's bereits zu spät. Mühsam zog ich den Mann vom Boden hoch, keiner der Umstehenden war zu einem Handgriff bereit, mühsam stemmte ich ihn an der nächsten Haltestelle ins Freie, frische Luft würde ihm guttun, und wie er ein paar Worte des Danks nun stammelte, noch hing er mit seinem vollen Gewicht in meinen Armen: kam er mir fast ein wenig bekannt vor. Indem ich keine Bank für ihn finden konnte, der Regen griff ihm ins Gesicht, das würde ihm guttun, indem ich ihn ersatzweise auf die Steinbrüstung eines Metro-Eingangs sinken ließ, der Mann lächelte mich verwirrt an, lehnte jedoch, ebenso höflich wie hilflos, jede weitere Maßnahme in gebrochnem Französisch ab: kam er mir gewiß bekannt vor, gewiß. Da aber fuhr ein nächster Bus heran, und wie er die Türen so knapp vor uns aufschnauben ließ, rappelte sich der Mann mit einem Mal auf, meinen Arm beiseite drückend, riß sich aus all meiner Fürsorge los und, ich schaute ihm starr hinterher, sprang behende in den Bus, drängte sich quicklebendig in die Menge der Fahrgäste und, schon schnaubten die Türen hinter ihm zusammen, ward nicht mehr gesehen. Für den Bruchteil einer Sekunde erstarrte ich vor Unverständnis, versank so vollkommen in meiner Entgeisterung, daß es, vielleicht schaute ich dem davonfahrenden Bus nach, vielleicht aufs lichterfunkelnde Riesenrad vor den Tuilerien, auf die golden glänzende Spitze des Obelisken, auf den glühlämpchengeschmückten Eiffelturm, daß es ganz still in mir wurde

während im Nachtzug nach Algier, wo Menschen wie Tiere auch auf offner Plattform zwischen den Abteilen schliefen, in gewaltig verschlungnen Anhäufungen und bis zum Rande der ratternden Nacht: während einer, dem bislang bloß die Beine ins Dunkel gebaumelt, lautlos nach draußen kippte –, man konnte sich die Augen zwar reiben, doch der Platz, an dem er bis eben vor sich hingedöst, blieb leer …

so entsetzlich still, daß ich mir fast sicher sein mußte, hereingelegt worden zu sein. Und zwar von ebenjenem Verrückten, jetzt war ich mir vollkommen sicher, und zwar von ebenjenem Genie, mit dem ich's schon mal zu tun bekommen. Immerhin, meine Brieftasche war noch dort, wo sie hingehörte, es war ihm bloß um die Sache selbst gegangen. Doch was heißt hier »bloß«! Als ich im »Petite Chaise« endlich eintraf, völlig durchnäßt und, zugegeben, reichlich verspätet, mußte ich mir eingestehen, daß ich dort nichts mehr zu verlieren hatte, mein Tisch war bereits anderweitig vergeben, daß ich umgehend also kehrtmachen und morgen allein nach Hause fahren würde.

*

Ein Jahrzehnt später, zum Abschluß einer Tagung in Seoul, in deren Verlauf wir von einigen koreanischen Teilnehmern auch in der Kunst des A-Bomben-Trinkens unterwiesen worden – im Grunde mußte man nur laut und vernehmlich »Gonbae!« in die Runde rufen und das Glas Bier, in dem ein Stamperl mit Whisky versenkt war, auf ex leeren –, ein Jahrzehnt später gab's einen Abschlußempfang. Wieder einmal saßen wir an einem Tisch mit lauter Krawattennadelträgern, die Kim hießen und auch so aussahen, unsre Übersetzerin (»Gute Aben, ich bin Ihre Übesetze!«) kam ob der anhaltenden Verwechslungen aus dem Kichern gar nicht mehr raus. Ansonsten entledigte sie sich ihrer Aufgabe mit großem Ernst, wir hatten also keinerlei Anlaß zum Mißtrauen, als sich einer unsrer drei Herren Kim von ihr als Steckdosenbeauftragter vorstellen ließ, ein zweiter beipflichtend präzisierte: Aber nur für den Glockenstraßenbezirk! Er selbst übrigens sei im Hauptberuf Komplettvergolder, der dritte dagegen, ein »Diplom-Geopard«, schlichtweg berühmter Mann. Und nebenbei maßgeblich an der Entwicklung einer halbautomatischen Zitatvernichtungsmaschine beteiligt.

Wie bitte, Zitatvernichtungsmaschine?

Oh, sehr praktisch.

Wie bitte, Diplom-Geopard?

Warum denn nicht?

Ja, warum nicht. Gonbae! Überdies wußte er, der Diplom-Geopard, auf deutsch »Eimal is keimal!« zu sagen, was er auch bei jeder Gelegenheit tat, genaugenommen, was er, der nähern Gesprächsumstände in keinster Weise achtend, so oft und so entschieden tat, daß man sogar am Nebentisch zum Glas griff. Ein Gespräch war unmöglich, anfangs hatte man nicht selten Lust, wahnsinnig zu werden, redete sich aber beharrlich ein (»Geschmeidig bleiben!«), daß es sich hier um koreanischen Small talk handeln und überdies bald auch der Verzehr von A-Bomben Wirkung zeitigen würde.

Er tat's. Kaum hatten wir freilich die dritte Runde hinter uns gebracht – immerhin mußten wir keine B-Bomben leeren: Biergläser voller Whisky, in denen ein Stamperl Bier stand –, schlug die große Stunde des Stehgreifgedichts: Oh, wie wußten wir da die Schönheit Koreas und seiner Frauen und Fächer zu rühmen, die ohrenbetäubende Großartigkeit seiner Trommlertruppen, den Knoblauchkohl und den Reisrestetee, die Parkhäuser, in die man von Minirockmädchen eingewunken wurde, die U-Bahn-Waggons, in denen ein digitaler Kuckucksruf die nächste Station ankündigte, sogar von den U-Bahnsteigen, auf denen man Vogelgezwitscher vom Band zugespielt bekam, hatten wir nur Gutes zu berichten. Das gefiel den Herrschaften Kim, und wie sie ihre Repliken vortrugen, liefen sie alle drei auf die Frage hinaus, ob wir auch der Herrlichkeit der hiesigen Friseure teilhaftig geworden?

Nein, warum hätten wir zum Friseur gehen sollen?

Warum denn nicht?

Ja, warum nicht. Einmal ist keinmal! Gonbae! Man klopfte sich die Schenkel, und als die Tafel schließlich aufgehoben wurde, ließ man sich's nicht nehmen, uns noch in eine Karaoke-Bar mitzunehmen, ich glaube, sie hieß »Noraebang«, auf deutsch zumindest »Muntere Kehle«. Nach etlichen U-Bahn-Stationen, die uns der Kuckuck gekündet, wurde's ernst: Kaum hatten sie auf der speisekartigen Liste mit den zur Verfügung stehenden Tonkonserven etwas gefunden, wonach ihnen der Sinn stand, eine koreanische Volksweise in orchestraler Einspielung, lockerten sich die Herren Kim die Schlipsknoten, wahrscheinlich, um die Kehlen zu glätten. Daß hingegen wir hier, wo man sich selbstredend mit keinerlei deutschem Liedgut bevorratet hatte, auf uns allein gestellt und also Männer auf verlornem Posten waren, versuchten wir durch Lautstärke wettzumachen: »Schaug hii, da liegt a tota Fisch im Wassa«, brüllten wir, »den mach ma hii«, brüllten wir, »den mach ma hii«, und weil wir textlich nicht weiterwußten, wiederholten wir das so lange, bis der Steckdosenbeauftragte, der Komplettvergolder und der Diplom-Geopard mitbrüllten. Selbst die Übersetzerin geriet ins Schunkeln, einmal ist keinmal.

Trotzdem empfahlen sich die drei (»Ju gut. Mäk as häppi«), schließlich hätten sie noch einen Termin beim Friseur, und taumelten unter herzlichem Gelächter davon, ein Taxi zu fangen. Gonbae! Als wir's ihnen gleichzutun suchten, war's fast Mitternacht, auf den Straßen brach ab & an eine junge Frau zusammen, heftig mit den Folgen des Alkoholgenusses ringend, ohne daß man sich weiter drum gekümmert hätte, von einem Taxi keine Spur. Nahezu ausgestorben lag dann auch die U-Bahn-Station, sogar das Vogelgezwitscher hatte man schon abgestellt. Übers entlegne Ende des Bahnsteigs robbte ein Krüppel auf einer Art selbstgebasteltem Tablett mit Rollen, was sofort das Interesse meiner beiden Kollegen auf sich zog: so daß ich eine Weile allein mit mir und der Übersetzerin stand. Wie ich aber stand und mich darüber freuen wollte, daß wir uns recht tapfer geschlagen hatten – insbesondre, als wir uns schließlich allesamt als frühere Zirkusjongleure zu erkennen gegeben, »Aaaah?«, und, weil man eine Talentprobe eingefordert, eine flugs ins Zentrum unsres früheren Tuns gerückte »Philosophie der sieben Bälle« beschworen hatten: *So* viele würden in keiner Karaoke-Bar der Welt aufzutreiben sein –, wie ich stand und darüber nachdachte, ob dieser Abend folglich ein Meilenstein der Völkerverständigung gewesen oder doch wohl eher nicht – immerhin hatten sich postwendend die Herren Kim als Mitglieder der Anonymen Postkartenschreiber offenbart (»Jede Mogen wi wachen auf und müssen est mal Postkate scheiben. Machma soga swei. Wi aben schon alles vesucht, abe ...«) –, wie ich also stand und meine Gedanken trüber zu werden drohten – immer dasselbe in andern Ländern: Man blieb einander ein Rätsel, mochte man sagen, was man wollte, war selbst im Lachen allein –, wie ich also stand und zu versinken drohte in der Melancholie dessen, der schon fast wieder auf der Heimreise ist: legte sich eine Hand auf meine Schulter. Eine Hand, die sehr schnell zur Tatze anschwoll, bloß aus den Augenwinkeln wagte ich hinzuschielen, zu einer dicht und braun behaarten Riesentatze mit schwarzen Krallen, und wie ich begriff, was da so schwer auf meiner Schulter lastete, beseelte mich die Bestürzung und ich riß mich los: auf daß die Tatze von meiner Schulter rutschte und ich, Aug in Aug, einem Bären gegenüberstand. Einem mannsgroßen Bären, mitten in einer Dreizehnmillionenstadt, bittesehr, für den Bruchteil einer Sekunde erstarrte ich vor Unverständnis, versteinerte so vollkommen in meiner Entgeisterung, daß es vollkommen still in mir wurde

während der Mann an der Rezeption eines heruntergewirtschafteten Hotels in Ankara, vom einzigen Gast darauf hin-

gewiesen, die Toilette in seinem Zimmer funktioniere nicht, nur mit den Achseln zuckte: Dann sollen er eben die Toilette des Nachbarzimmers benutzen …

so still, daß man glauben wollte, in den Boden zu versinken vor Entsetzen, aber zu seiner nicht geringen Überraschung ganz einfach stehenblieb. Und

als der Tourist kurz drauf wieder vor ihm erschien, dort ginge das Licht nicht: Dann solle er eben eine Glühbirne aus seinem Zimmer mitnehmen. Woraufhin der Tourist . . .

keinen einzigen Ton über die Lippen brachte. Wohl aber der Bär. Gerade jedoch sein gedämpftes Gegrummel verriet ihn, heiß schoß mir das Leben in die Glieder zurück und erinnerte mich daran, daß nicht in jedem Pelz ein Pelztier stecken müsse, daß man mir nicht zum ersten Mal in meinem Leben einen Bären aufband, der dann – richtig, auch diesmal gar kein Bär war.

Sondern ein Mann, der sich offensichtlich einen Mitternachtsspaß hier gönnte, oder vielmehr: Völliger Ernst schien's ihm zu sein, noch während er sich den Bärenschädel jetzt ohne Hast vom Kopfe zog, fiel er nicht aus der Rolle und, war das etwa der Diplom-Geopard? und indem er eine Verbeugung andeutete, sah man ganz deutlich, wie billig seine Kostümierung war, ein arg ramponiertes Stück aus dem Fundus irgendeines Vorstadttheaters. *Wie* er mich dabei freilich aus reinster Seele heraus anlächelte, war ich mir fast sicher, ihn wiederzuerkennen, die lauterste Ehrlichkeit sprach aus diesem Blick, das reinste Bärentum ohne jegliche Erinnerung daran, daß auch schon ein Hund in ihm gelebt, einer, der gelegentlich Ohnmachtsanfälle erlitt, nicht mal, daß er in seiner letzten Existenzform maßgeblich an der Vernichtung von Zitaten und A-Bomben beteiligt gewesen: In diesen Momenten war er nichts als ein Bär.

Bevor er sich die Maske wieder übers Gesicht zog, legte er noch kurz den Zeigefinger über die Lippen – »Schschschi!« – und machte mich zu seinem Verbündeten: Die scharfe Beimischung des Whiskys in seinem Atem überriechend, nickte ich, »Einmal ist keinmal«, flüsterte ich, und als er sich davontrollte hinter eine Säule, um auf ein nächstes Opfer zu lauern, entdeckte ich die Übersetzerin an meiner Seite und lächelte sie an.

Oh nein, zu fragen versuchte ich nichts.

Sie aber schüttelte den Kopf, legte sich den Zeigefinger an die Lippen und lächelte zurück.

Ein Gletscher in der Wüste Gobi

Geierschlucht, Juli 1990

: Den gibt's nicht, denken Sie – und wir dachten's nicht nur, sondern sprachen's offen aus.

»Oowortn«, war sich der Ernstl seiner Sache sicher, und das taten wir notgedrungen dann auch: eine Gruppe von Mongoleifahrern, die im mitternächlichen Moskau ihre vorgebuchten Stockbetten auf der Transsibirienbahn gerade noch mal gegen den Ansturm der Kasachen (wie wir sie der Einfachheit halber nannten) hatte verteidigen können und seither sich aufs Abwarten beschränkte. Also die Transsib, was war uns darüber nicht alles erzählt worden! Nostalgie-Waggons sollte's geben, dicke Teppiche, weiche Polster, Sessel, Spiegel, einen Salonwagen gar mit viel sozialistischem Barock. Andern zufolge würden im ganzen Zug keine Duschen aufzufinden, dagegegen sämtliche Toiletten schon am zweiten Tag verschissen sein. Würden auf jeder Station fliegende Händler in die Gänge drängen und das reinste Chaos verbreiten, wir täten gut dran, unsre Abteile rund um die Uhr zu bewachen.

Beide Alternativen wären uns sicher recht gewesen. Aber unsre Reise schien irgendwo dazwischen stattfinden zu wollen, weder gab's glänzende Messingverzierungen, Vasen mit frischen Blumen, Betreuer, die uns die Betten für die Nacht aufschüttelten, noch gab's Geflügel auf den Gängen, Bettler, trunken predigende Popen vom Nebenabteil. Es gab nur die Fenster, in die man sich für ein paar Stunden hängen konnte, gab vorbeistreichendes Feldergrün, Wiesengrün, Wäldergrün, manchmal eins dieser bunten russischen Holzhäuser und jede zehn Minuten einen Kohlenzug in Gegenrichtung.

Bestimmt hätte man das alles großartig finden können – 6104 Kilometer durch russische Dauerlandschaft! –, überwältigend großartig, grandios. Wer auf Birkenwälder stand, der kam hier wirklich voll auf seine Kosten; wer das hingegen *nicht* tat, der mußte auf die Mittagsmahlzeit warten, auf den Nachmittagstee, der in großen Thermoskannen in die Abteile geschafft wurde, auf die Abendmahlzeit. Oder lag ganz einfach auf seiner Pritsche, ließ sich hin schaukeln, her schaukeln, lauschte auf das Ratawong-Ratawong-Ratawong der Räder – aus den leichten Abweichungen vom immergleichen Klackerrhythmus hätte ein kundiges Ohr sicher schließen können, über welche Weichen wir gerade fuhren – und träumte von fernöstlichen Wüstensensationen: Ein Gletscher in der Gobi? Wie sollte der, bei aller Liebe, denn dorthin geraten sein? Aber bitte. Bis jetzt wußten wir über die Mongolei ja bloß, daß man ebenfalls mit Landschaft würde rechnen müssen – so weit sei sie dort, nur Himmel und Wind, wußte ein Oberstudienrat aus Bremen, so weit, daß man den Sand singen höre. Oder das Gras, je nachdem.

Morgens, mittags und abends jedoch, da fanden wir uns im Speisewagen ein und – bewunderten die frischen Blumen auf den Tischen? Fehlanzeige. Andrerseits mußte man auch nicht mit dem eignen Taschenmesser essen. Kaviar, Wodka, Krimsekt? Hätten wir uns ohnehin nicht leisten können. Daß es freilich sieben Tage lang nur Bœuf Stroganoff gab, Flachsen und Knorpel, Knorpel und Flachsen, wäre nicht nötig gewesen. Was blieb uns übrig, als den Kellner zu beschimpfen und uns, lustlos auf den Tellern herumstochernd, von andern Mahlzeiten zu erzählen, die uns an andern Orten, zu andern Zeiten schon mal alles abverlangt:

- ein Pferdesteak in der französischen Schweiz, angeblich eine Delikatesse;
- ein zähes Alligatorschnitzel in Savannah, mit Grütze als dickem weißen Kissen drunter;
- Muschelsuppe, Sushi, Saugnäpfe vom Tintenfisch samt ockerfarbner Seeigel-Paste, und das bereits zum Frühstück, von einer greisen Geisha irgendwo in den urbanen Tiefen Tokios herbeigerutscht;
- das Segment eines vom Irrsinn befallnen Huhns, serviert auf einem Inlandflug der Aeroflot, dessen Existenzkampf noch im Tode zu sehen gewesen und zu schmecken;
- in einem kurdischen Bergdorf hatte einer beobachtet, wie der kleine Junge seines Gastgebers einer toten Ziege die Halsschlagader aufgebissen; wenig später sei dann ein Gehirn im Eintopf geschwommen und –
- nicht zu unterschätzen auch, auf Pekings Nachtmärkten, die gebratnen Heuschrecken, die aussähen, als wären sie aus hellbraunem Muranoglas geblasen, nicht zu unterschätzen die gebratnen Kakerlaken, die Spieße mit den Miniskorpionen –

Ja, wir wußten, wo's auf der Welt am schrecklichsten schmeckte, schon am dritten Tag waren wir fertig mit den Nerven. Und wenn der Ernstl wieder mal mit seinem Gletscher anfangen wollte, verzogen wir uns zügig auf unsre Pritschen und lauschten, Ratawong-Ratawong-Ratawong, lauschten. Bestarrten die Decke, bestarrten die Landschaft, überlebten den selbstgebrannten Wodka des Geburtstag feiernden Taxifahrers vom Nebenabteil, erwogen das Pro & Contra – »Oowortn!« – von fernen Sensationen. Leider störte uns dieser Ernstl dabei immer häufiger:

»Mei Vota hot si an Koarl gmocht, bitte, und dann is a Ernst draus wurn«: ein gut siebzigjähriger Bergführer aus Wien, gedrungen, drahtig, voller feiner Falten im Gesicht, ein überzeugter Sandalenträger, der gern mit seiner Rüstigkeit prahlte, noch heute »packe« er locker jeden Dreitausender, ein Freund der Binsenweisheit, angestimmt in breitem Meidlinger Dialekt und, vor allem, von bewegten Urlaubsbildern. Dreißig Filme führte er mit sich, zählte, sortierte und hütete sie mit großer Hingabe, dazu eine leicht antiquierte Kamera – »Geh heast, a Video, des konnst do vagessn, ka Vagleich dagegn« –, die er jeden Abend zu sich ins Bett nahm, ein Stativ und das notwendige Durchsetzungsvermögen, um sich bei der Jagd auf Motive immer wieder in vorderste Front vorzukämpfen. Ja, beim Rußlandfeldzug seinerzeit hätte er's mehr mit der Etappe gehalten, ließ er uns eines halb schon verschaukelten Nachmittags wissen, aber seit er sich von der aktiven Bergsteigerei zurückgezogen, seit er ein Rentnerdasein führe, da ginge's ums Ganze, Jahr für Jahr. Schließlich sei er jetzt Mitglied im Club, »Kennst di aus?«

Ja woher denn? Vorbei rauschten die Birkenwälder, und am Abteilfenster hing nur noch die Kamera, erwartete das unerhörte Ereignis, zumindest einen phänomenal russischen Sonnenuntergang. Also der Club. Alljährlich setze er einen Preis aus für den eindrucksvollsten, den ausdrucksvollsten Urlaubsfilm, und der Ernstl, »mi scheiß an«, ehrende Anerkennungen habe er zwar schon mehr als genug errungen, »quisi-quasi ollas vierte Plätz«, diesmal jedoch ginge's aufs Ganze – »Kennst di aus?«

Ach so, deshalb die Gelüste auf Gletscher. Deshalb auch der nackte Fuß vorgestern früh auf meiner Pritsche, der braune Bergführerfuß, der sich gnadenlos trittsicher unter meinen Arm geschoben! Während sich der restliche Ernstl übern Abteilgang verkeilt hatte, die nervös bisweilen aufschnurrende Kamera im Anschlag, eines Obelisken harrend, der da kommen und Europa von Asien trennen sollte. In Unkenntnis der Sachlage hatte ich den tatzenartig verkürzten Fuß nicht als Kopfkissen akzeptieren wollen: und, noch im Halbschlaf, den armen Ernstl aus dem Gleichgewicht gewischt. Just in jenem Moment, als er an unserm Fenster vorbeigeglitten, der Obelisk.

Angeblich; späterhin wollte er nämlich, »Leck mich nach Krakau!«, nicht mehr ins Visier geraten, und somit hatten wir die Nahtstelle zweier Welten passiert, ohne sie bemerkt, geschweige ordnungsgemäß auf Super-8 gebannt zu haben. Oder hatte sich der Ernstl schlichtweg auf der falschen Seite des Zuges postiert? Denn langsam fügte sich's ja doch zusammen, was uns anfangs lediglich als ein gediegen gedehnter Dialekt aufgefallen war, langsam dämmerte's uns, daß dem Ernstl bei all seiner Großsprecherei durchaus der eine oder andre kleine Lapsus unterlief:

»Dös is die raanste Syphillisoabat«, belehrte er uns des morgens, indem er seine Siebensachen aus dem zerschnarchten Lager zusammenklaubte, stets eine achte oder neunte vorübergehend vermissend –

»Dagegn bin i algerisch«, und das Gefluche erst einstellte, wenn die Kamera am Schiebefenster montiert war –

»Kennst di aus?«

Aber ja doch, gewiß. Auf dem Bahnsteig von Irkutsk vertraten wir uns die Langeweile, das Thermometer zeigte 30 Grad, und der Ernstl gierte nach Motiven. Wobei er in seinem sandalösen Eifer, »Gern gschehn, s nächste Moi wieda«, der photographierenden Konkurrenz des öftern auf die Oberstudienratsfüße trat. Daß hier bloß ein Gletscher die Erlösung bringen konnte, stand außer Frage: Der, nur der würde dem Werk des Ernstls die angemeßnen Schlußbilder bescheren und der Club dann gar nicht mehr anders können, würde ihn auszeichnen *müssen* mit dem Pokal. Freilich mußte *er* zunächst mal den Baikalsee über sich ergehen lassen, der Ernstl, für den er ein merkwürdiges Desinteresse entwickelte, obwohl er sich mächtig anstrengte, der See, und silbern schillerte, so gut er konnte. Sogar ein Schiff fuhr darauf herum.

»Eh kloa, a Touristndampfa«, winkte der Ernstl ab und brachte seine Kamera demonstrativ zu Bett, »do kriagst eh nua an Pollackn-Kaviar oodraht«, das lohne nicht. Dessen ungeachtet blieben wir andern an den Fenstern hängen und ließen uns im Schrittempo, haarnadelkurvend, bergauf schaffen, durch Tunnel, über Viadukte, und immer, wenn man meinte, den Paß erreicht zu haben, schob das Gebirge noch eine Falte hinterher, es blieb bloß der Blick auf den See.

»Und wos gehms da auf de Schiffanakln? An aufgwarmtn Krimsekt. Und nocha, in eahna gschissenen Doaftrottlmuseum, derfst eahnerne zamgfangtn Woschbärn-Embryos ooschaun in de Rexglasln drin. Und des ganze Glumpert.«

Ja, gewiß, man hätte das alles großartig finden können – so

viel klare kalte Luft, so viel Schillern, so viel Glitzern! –, überwältigend großartig, grandios. Wer auf Gegend stand, der kam hier wirklich voll auf seine Kosten; wer das freilich *nicht* tat, der – selbst *der* entwickelte an diesem Tag noch einen Sinn für landschaftliche Reize. Es herrschte nämlich gerade mal wieder Fußballweltmeisterschaft, und die Deutschen hatten, soviel war uns in Moskau zuteil geworden, hatten sich bis ins Finale durchgewurstelt. Was wir uns natürlich nicht entgehen lassen durften. Obwohl es, schließlich trieben wir uns bereits im hintersten Sibirien herum und unsre Nationalmannschaft in Italien, obwohl es für uns zu nachtschlafner Zeit stattfinden würde, das Finale, und zwar im Abteil des Kellners, dochdoch, des Bœuf-Stroganoff-Kellners, der uns im Verlauf der letzten Stunden zum allerbesten Freund geworden. Immerhin verfügte er über den einzigen Fernseher im ganzen Zug, einen winzigen Watchman, und das wollte was heißen in dieser Nacht, selbst für den Ernstl.

Der brachte dann sogar die Kamera mit. Leider aber fiel das Fernsehbild dauernd aus, jaja, das Altai-Gebirge, wir waren wirklich schon weit hinten in der Welt. Verteilt zwischen Russen, die vorwiegend tranken, rauchten, redeten, übereinandergepfercht in einem Abteil, das ansonsten gerade mal für vier Touristen ausgelegt war, folgten wir den Flankenläufen eines Häßler oder Littbarski, der Ernstl ließ dazu munter seine Kamera surren, und kaum wurde die Flanke in den Strafraum geschlagen, riß die Übertragung ab – »Mia kenntats im Grund gnomman wuascht sein, oba de Gegend um an Baikalsee, hob is ned gsogt, de is a Schaaß«. Die versammelten Russen konnten uns den Spielstand nicht vermitteln, ihr Interesse am Fußball war gering, dasjenige am selbstgebrannten

Schnaps desto größer. Am Schnaps, der uns als Rasierwasser angepriesen wurde, obwohl er dann eher nach scharfem Wodka schmeckte, wahrscheinlich nannte man alles in diesem Land so, was irgendwie Alkohol in sich barg.

Im Morgengrauen mußten wir uns, heftig über den Ausgang des Treffens spekulierend, zu unsern Pritschen zurückbegeben. Wenige Stunden später stand der Ernstl breitbeinig an der russisch-mongolischen Grenze und filmte dermaßen selbstverständlich sämtliche militärischen Anlagen – verbissen wühlte und wühlte der Oberstudienrat in seiner Umhängetasche mit den Objektiven –, daß sogar die Zöllner nicht einzuschreiten wagten. Voller Vorfreude blockierte er unser Abteilfenster, innigst mit der Totalen beschäftigt, als wir uns über die grünbeschimmelte Brotkruste der Nordmongolei heranarbeiteten an Ulan Bator. Wo er dann, »No servas, do samma«, doch ein bißchen ratlos dreinschaute, weil Dreiviertel der Stadt bloß aus Jurten bestand.

Aber tagsdrauf. Eine Parade gab's am Großen Platz, Wagen mit Transparenten, viel Militär und huldvoll von ihrer Tribüne heruntergrüßende Politiker, unten zogen die Ringer, die Reiter, die Bogenschützen vorbei: Man feierte das Nadaamfest, eine Art mongolische Spezialolympiade, und der Ernstl feierte auf seine Weise mit. Mischte sich, ohne der Absperrungen zu achten, unter die fähnchenwinkenden Schulklassen, späterhin unter die Sportler, rückte ihnen auch auf den Leib, als die Wettkämpfe längst begonnen hatten. Beinah wäre er von einer Horde historisch aufkostümierter Dschingis-Khan-Krieger übern Haufen galoppiert worden, die Reiter standen in ihren Steigbügeln, weil er einigen Pfeilschüssen noch hinterherfilmte oder eigentlich den davontänzelnden Schützen, die nach jedem Treffer einen Gesang anhoben, und weil er kein Auge dabei hatte für Links oder Rechts.

Eigentlich hätte das eine Warnung sein müssen.

Doch der Ernstl verstand sie nicht.

Abends, nach dem Zieleinlauf des Pferderennens, rund zweihundert Kleinkinder waren singend an uns vorbeigedonnert, abends, nachdem man die siegreichen Pferde mit Stutenmilch abgerieben und mit Gesang ergötzt hatte, gab's im Hotel die Tanzshow der folkloristisch verkleideten Kellner und Köche, zum Abschluß »Kautschukkunst«, serviert von einer etwa zwölfjährigen Bikinimongolin, die sich auf ihrem tablettgroßen Podest mehrere Male um das eigne Rückgrat wickelte, an den Körperenden überdies halbvolle Weingläser balancierend – und hier verstand der Ernstl nur allzu gut: Dergleichen trainierten die Frauen seit Jahrhunderten auf den langen Überlandritten, belehrte er uns beim Beschriften seiner Filme: im Sattel, wo denn sonst, das sorge des Nachts für eine fatal hohlkreuzige Jurtengaudi – »A Mongolische Schaukel, kennst di aus?«

Dann das restliche Grasland, Film für Film feinsäuberlich verpackt in einer extra Tragetasche, obwohl's der Regen dem Ernstl nicht leicht machen wollte – »Geh weida, Herr Cheef, hoitst ma dein Schirm über d Linsn?« –, und wenn der Himmel für ein paar Stunden aufriß, dann setzten ihm die Mükken arg zu, »Hurnviecha, unnedige!« Aber es ging um den Pokal, das wußten wir, und als unser Bus – war's auf der Fahrt zu einem Lama-Tempel, wo man mächtig für uns in die Muschelhörner stoßen würde, war's auf der Fahrt zum Schildkrötensockel fürs Zelt des Dschingis Khan –, als unser Bus bei einer Flußdurchquerung im Schlamm steckenblieb, die Kunst des Brückenbaus wurde in diesem Land anscheinend nicht gepflegt, da war der Ernstl mit Eifer bei der Sache. Während der Rest der Reisegruppe raus mußte zum Anschieben, das würden die Club-Mitglieder sicher goutieren.

Tagsdrauf, beim Anlaufnehmen zum Start, platzten zwei Reifen unsres Flugzeugs und wir andern, der Kapitän hatte nach unserm kollektiven Aufschrei gerade noch mal abgebremst, waren sehr damit beschäftigt, die restlichen Reifen zu bezetern, aus denen die Schläuche überall in kleinen Blasen hervorkamen. Bis uns der Ernstl vom Rollfeld knuffte, schließlich hatten wir in dieser Einstellung nichts verloren.

Trotzdem kamen wir an, übrigens mit einem Militärflugzeug, weil die mongolische Fluggesellschaft »derzeit« über keine zweite Maschine verfügte, und wie wir uns im Süden der Gobi auf einem Jurtencamp wiederfanden: regnete es noch immer. Grüner Wüstenflaum, verpfützte Pisten, düster aufgetakelte Wolkendschunken segelten übern Horizont, ob das dem Club gefallen würde? Tapfer filmte der Ernstl die buddhistischen Wegmarken, die wir passierten, häufchenweise Steine und Knochen. Filmte anstelle der Versteinerungen, die man uns an der Wiege der Dinosaurier anheimstellte, filmte den Busfahrer, wie er sich mit Eifer eines Kanisters voll vergorner Stutenmilch annahm. Filmte die Sonnenblumenanpflanzung im Fußballfeld der Bezirkshauptstadt. Filmte den Busfahrer, der den Kanister mittlerweile leeren konnte und dem Einschlafen am Steuer durch lautes Absingen von Volksweisen entgegenwirkte. Von einer Straße im eigentlichen Sinn des Wortes konnte man in dieser graugelben Gobi ohnehin nicht abkommen.

Blaue Gebirgszüge mit roten Schluchten?

Immerhin standen ein paar Kamele herum.

Sanddünen, kreisende Geier, pfeifende Murmeltiere?

Immerhin fuhr man uns zu einem Kamelzüchter, der uns, mit Hut und buntem Mantel wie ein veritabler Wüstenfürst gewandet, vor seiner Jurte erwartete, er hatte noch weit mehr Falten im Gesicht als der Ernstl. Beim Näherkommen wollten nicht nur seine Frau, seine sechs Kinder, seine Ziegen abgefilmt werden – »Gehts weida, Burschn, schauts ned so draamhappad!« –, sondern auch ein verbeultes Motorrad, unser Dolmetsch stand sprachlos, und eine leuchtend weiße Satellitenschüssel:

»Do schau her, vaschüsslt samma aa scho.«

Daß neben dem Eingang ein Blech voll blutendem Fleisch lag, mittendrin ein Hammelkopf, interessierte den Club weniger.

In der Jurte, der Ernstl hatte trotz aller Vorab-Belehrung eine seiner Sandalen breit auf die Türschwelle gesetzt, ein Fauxpas ersten Ranges, der Kamelzüchter verzog keine Miene, in der Jurte servierte man dann nicht etwa gesalznen Tee, wie angekündigt, sondern becherweise Stutenmilch, es fehlten darin nicht mal die dazugehörigen Haare. Wo steckte nur unser Busfahrer? Emsig rückte der Ernstl das Jurtenmobiliar in eine günstigere Perspektive, vor lauter Ausweglosigkeit begann der Dolmetsch das Grinsen. Während der Kamelzüchter gelassen Gastfreundschaft simulierte. Wir durften Fragen stellen.

Tja, also. Die Stutenmilch. »Grauslich. Nehmts ihr die aa ois Rasierwossa?«

Der Kamelzüchter leerte, wie ein veritabler Jurtenfürst

keine Miene verziehend, seinen Becher, rollte die Stutenmilch auf der Zunge herum, sagte aber nichts.

Tja, also. Die Gobi. »Hobts ihr so an Schnürlreng aa im Winta?«

Oh nein, ließ der Jurtenfürst den Dolmetsch wissen, freilich sei's dann schon am Nachmittag stockfinster, überdies an die zwanzig Grad minus, aber – er lächelte zufrieden – man habe ja voriges Jahr eins der Kamele in eine Satellitenschüssel verwandelt. Weshalb's an den Nachbarn sei, trotz der Kälte herbeizureiten.

Tja, also. Das Leben nach Feierabend. »A Fernseha mittn in da Wüste, ssupa.«

Ob man vielleicht wisse, mischten wir andern uns zaghaft ein, wie Deutschland vor ein paar Tagen gegen Argentinien –?

1:0, wußte der Fürst: Eine miserable Partie, wenn er sich die Bemerkung erlauben dürfe. Woraufhin man sich sogar mit Stutenmilch zuprosten konnte.

Damit war's soweit. Am nächsten Morgen, dem vorletzten Tag des Urlaubs, fuhren wir zur Geierschlucht, es ging aufs Ganze. Der Ernstl freilich geriet nicht etwa in vorfreudige Erregung, sondern in Panik, mußte er doch feststellen, daß er seinen Cassettenrecorder bislang vollkommen vergessen und also keinen einzigen »O-Ton« gesammelt hatte. Was er jetzt, sozusagen pauschal, nachzuholen gedachte, ein Meisterwerk wollte schließlich auch gehört werden. Jeden Kommentar verbat er sich, mehr noch, verbat uns jegliche Unterhaltung während der Busfahrt, hielt das Mikrophon – »Pscht! Goschn hoitn, sog i!« – dem Busfahrer hin, der um diese Uhrzeit allerdings keinen Durst und entsprechend wenig Neigung verspürte, Liedgut abzusondern.

So reiste er dahin, der Ernstl, die Fahrt zur Geierschlucht abwechselnd auf seinem vorletzten Film und auf seiner ersten Cassette dokumentierend, linksrechts der Fahrspuren nichts als Pfützen, das Schneiden würde noch schwieriger sein als das Vertonen. Ja, gewiß, man hätte das alles auch ganz einfach großartig finden können. Dann aber, endlich, im strömenden Juliregen, der Spaziergang ans Ende der Schlucht, durch steil aufragende Felswände (mit wildem Wacholder anstelle der Geier), und hätte ich ihn nicht mit der eignen Hand berührt, den Gletscher, sondern ihn nur in einem Film gesehen, in einer Geschichte von ihm gehört, ich glaubte wohl weiterhin: Warum sollte's ausgerechnet in der Wüste 'nen Gletscher geben? So aber lag er griffbereit herum, zwei bis drei Meter hoch maximal zehn Meter breit und schmutzigbraun an den Rändern verkrustet, versperrte den Rest der Schlucht auf völlig unphotogene Weise:

»No servas. Do samma«, will sagen: Das also sollte's gewesen sein, das seit Wochen ersehnte Motiv, der Höhepunkt des Urlaubs, des Films?

Nein, das durfte nicht sein, dafür würden die Club-Mitglieder den Pokal kaum rausrücken. Sogar der Oberstudienrat, für den's ja nur um ein paar private Erinnerungsphotos ging, wurde von einer leichten Mißstimmung erfaßt und, kurzentschlossen, stemmte sich gletscheraufwärts. Wagte den ersten Schritt aufs Eis, den zweiten, klammerte sich seitlich an die Felswand, drückte sich vorsichtig, sehr vorsichtig vorbei an einem mannstiefen Loch, auf dessen Grund sich der Gletscherbach zu einem Tümpel staute: und verkündete, daß sich der Gletscher erst von dort oben, wo er triumphierend nun stand und die Tasche mit den Objektiven öffnete, angemessen in Szene setze. Und das Ganze dadurch den Eindruck einer künstlich vereisten Höllentalklamm bei Garmisch-Partenkirchen zu erwecken versuche, immerhin.

Das war das 1:0. Einige Jüngere, von plötzlichem Ehrgeiz gequält, wollten das nicht tatenlos hinnehmen und stellten sich der Herausforderung; die Älteren zogen's vor, vom verschlammten Boden der Tatsachen aus Beifall zu spenden. Unschlüssig harrte der Ernstl am Rande der Ereignisse und suchte, sich seiner Rüstigkeit zu erinnern. Immerhin packte er noch jeden Dreitausender, nicht wahr? Da dürfte er diese läppischen zwei, drei Meter doch locker mit Links –?

Wie der Oberstudienrat zum zweiten Mal das Objektiv wechselte, war kein Halten mehr. Vorangetrieben vom Willen zum Motiv, drückte sich der Ernstl, ein echter Bergfex, mit bedächtig professionellen Griffen auf den Gletscher hinauf, fluchte in prophylaktischer Weitsicht über seine Sandalen, die ihm die rechte Trittfestigkeit zu verweigern schienen, auch das Stativ beeinträchtigte seine Behendigkeit, die er des öftern uns gepriesen … oder hatten wir etwa selber für die entscheidende Einbuße gesorgt? Die wir auf der Herfahrt durchs Gebirge das verordnete Schweigen nicht länger ertragen gewollt und mit hysterisch aufjubelndem »Steinböcke, hier!«, »Steinadler, da!« den guten Ernstl von einer Busseite zur andern gehetzt hatten – und dann war's doch bloß eine Felsnase gewesen, ein heiliger Steinhaufen mit ein paar bunten Stoff-Fetzen, eine Rache für vier Wochen unfreiwilliger Mitarbeit an einem pokalverdächtigen Film. Müde jedenfalls sah er schon ein wenig aus, der Ernstl, und, wie gesagt, die fatalen Urlaubssandalen trug er, die Kamera, das Stativ, die Umhängetasche mit achtundzwanzig vollen Filmen, hatte keine Hand frei für die Felswand zur Linken, gegen das Gletscherloch zur Rechten, nicht zu vergessen der Regen, ein kleines feines Nieseln, aber immerhin. Eine Weile lang zaudernd zwischen Links und Rechts verharrend, stand der Ernstl dort oben regungslos, nur die Sandalensohlen, halblaut mit einem einzigen sehr langen, sehr silbenhaltig sich dehnenden Wort bedacht, nur seine Sandalensohlen rutschten millimeterweise, dann – fast in Zeitlupe und ohne jedes täppische Herumfuchteln der Arme, ein Bergführer auch noch im Ernstfall – entschied er sich für Rechts. Bevor sich unser aller gespitzte Ohren mit vielfältig aufklatschenden O-Tönen füllten, riß das lange silbenhaltige Wort plötzlich ab, und es wurde für eine Sekunde abrupt still in der Schlucht

während weit draußen vor Honolulu, auf der Jagd nach dem Horizont, ein kleiner Knirps so lange mit sich selber um die Wette fuhr, auf einem glitzergrünen Jetski, mit dem man über jede Welle springen konnte: bis der Tank leer war und der Motor stotternd abwürgte . . .

dermaßen still, daß man sicher das Gras hätte singen hören oder den Sand, vielleicht sogar den Gletscher. Oder eigentlich das Gletscherloch. Weil's aber weiterhin nieselte, hörte man, bevor dann sehr laut der Ernstl vom Grunde des Geschehens zu vernehmen war, hörte wenigstens den Regen auf den Gletscher rauschen, den Gletscher in der Wüste Gobi.

Weltzeitgeschichte (II)

Algier, Buenos Aires, Canberra, Dubai, Edinburgh, Fes, Gent, Havanna, Istanbul, Johannesburg, Khartum, Lhasa, Mandalay, Nairobi, Ottawa, Prag, Quebec, Riga, São Paulo, Timbuktu, Ulan-Ude, Valparaiso, Wellington, Xian, Yokohama, Zwettl, November 2001

Nachts habt ihr wach gelegen, habt euch gewälzt mit Erinnrung, und nun seid ihr mitteilungsbereit, wie ein Regal mit seinen verstaubten Goldschnittausgaben nur immer mitteilungsbereit sein kann: hoffnungslos überfüllt demütig wartend – und keiner, der euch versichern käme, er sei ganz Ohr. Fast ist der Vormittag schon wieder verstrichen, und ihr sitzt weiterhin vor euern Geräten, alles stand-by, und sitzt fest: Wenigstens einen kleinen Kaffee würdet ihr gern trinken, doch mit wem? Elf Uhr bereits, und niemand gönnt euch die frohe Botschaft, weder als E-Mail, als SMS, als Fax, noch gar als Anruf, als Brief. In Ermanglung der Alternative und weil ihr so viel zu erzählen hättet, so viel: erzählt ihr's euch einfach selber

wie ihr mal einen Tag lang die Dünen im Death Valley runterrutschtet, auf schmalen Preßspanplatten, volles Tempo, oder der Länge nach um die eigne Achse rollernd; und wie ihr euch abends, nach entschloßner Fahrt im Glitzerchevrolet und zum Entsetzen des Managers, an Wendy's All-you-can-eat-Bar schadlos hieltet: indem ihr euch mit System – Rübenraspel zuunterst wählend oder rohen Rotkohl, aus Stabilitätsgründen Salatblätter meidend, halbe Eier abschließend in die Tausend-Insel-Soße einklebend – jeder einen maximal getürmten Teller bautet …

oder wie ihr am Rande des Ruinenfelds von Dougga die unterirdischen Zisternen und darinnen, auf gestampftem Boden lagen Hühnerfedern, eine Art Kultstätte entdecktet: mit einer hüfthohen Tür in der Wand dahinter, einen Spaltbreit geöffnet, vor der eine Kerze brannte, oh ja, brannte. Und wie ihr, nur die Fliegen durchsummten die Stille, eine reichlich lange Weile beflüstern mußtet, ob einer die Kerze nehmen und den Gang hinter der Tür erkunden sollte. Oder besser nicht. Oder doch. Oder …

natürlich auch davon, wie ihr, in einem Minshuku nahe Nara, nach einem im Kreis der Gäste schweigend verhockten Abendessen, wie ihr euch plötzlich im Karaokegesang mit einem Patchinko-Boss messen mußtet und, weil's keine Musikcassette mit deutschem Liedgut gab, wie ihr versuchtet, das durch Lautstärke wettzumachen: »Ja so warns«, brülltet ihr, »ja so warns«, brülltet ihr, »ja so warns, die oiiiiiden Rittersleit«, und weil ihr textlich nicht weiterwußtet, wiederholtet ihr das so oft, bis sich der Patchinko-Boss geschlagen gab und, sakebeseelt, einfach mitbrüllte …

und wie ihr mal, vor Jahrzehnten, im Nachtzug nach Marrakesch volle sieben Stunden lang auf der Toilette standet, eng an eng mit munter krakeelenden Mitmenschen: in einem derart überfüllten Zug, daß man an jeder Station mit vereinten Kräften die Waggontüren zuhielt und denen, die durchs Fenster reinklettern wollten, beherzt eins aufs Käppchen gab –

mit spitzgelben Schlappen, die man als Mitmensch so trug. Während draußen allüberall, selbst an der Lok, die Leute hingen; und wie dann, gegen sechs Uhr morgens, die Wüstensonne in gleichgültiger Großartigkeit aufging …

wie ihr andrerseits aber auch, weit weg von jeder Cajun-, Blues- und New-Orleans-Herrlichkeit, die im French Quarter über den Touristen verhängt wird, wie ihr weit draußen in den Sümpfen Louisianas auf einem »High Speed Airboat« dahindröhntet: vorbei an Bäumen, die sich tief mit Spanischem Moos verschleiert hatten, durchs splitternde Schilf, über Grasnarben hinweg und sogar über Krokodile, die sich darauf gesonnt – wie ihr in dermaßen brutaler Selbstverständlichkeit dahinbraustet, als wärt ihr nur unterwegs zum nächsten Supermarkt, zur nächsten Tankstelle …

ganz im Gegensatz dazu, wie ihr in der Transsib einst gesessen, bei Krimsekt und Kaviar und bester Zarenstimmung, beeifert von Kellnern, die euch die roten Polster im Rücken regelmäßig aufgeschüttelt, und wie ihr das gar nicht recht genießen konntet, weil am andern Ende der Welt gerade ein höchstwichtiges Fußballspiel stattfand. Und das Bild auf dem messingverzierten Fernsehschirm – schließlich fuhrt ihr bereits durchs Altai-Gebirg – bei jedem bedeutenden Spielzug ausfiel: so daß ihr am Ende zwar sturzhagelbetrunken, gleichzeitig aber auch vollkommen ernüchtert dem Salonwagen entstrebtet …

nicht zu vergessen die Wildwasserfahrt auf dem Sambesi, bei der ihr schon an der ersten Stromschnelle, »Boiling Pot«, aus-

nahmslos baden gingt, und, wie sich das bald drauf wiederholt hatte, »Highway To Hell«, eine Engländerin Weinkrämpfe kriegte. Nachdem sie euch vergeblich befleht, die Fahrt abzubrechen, ließ sie sich zumindest in ein andres Boot hieven, das bislang problemlos die Strudel und Felsen bewältigt hatte: mit dem sie allerdings gleich bei der nächsten Schnelle so bös kenterte, »Devil's Toilet Bowl«, daß sie auf der Stelle nicht nur an Land, sondern nach Hause wollte. Während ihr ursprüngliches Boot diese wie alle weitern Wirbel problemlos passierte …

ein mittelschwerer Schock gewiß auch, wie ihr beim Hantieren mit euern Tauchermessern im Ari Atoll, wie ihr beim Ärgern der lilaschlundig zuschnappenden Riesenmuscheln plötzlich durch eine Gruppe Mantas aufgeschreckt wurdet, Mantas, deren jeder einzelne schon dermaßen gewaltig war, daß es dunkel wurde am Riff – mindestens fünf Meter Spannweite, mindestens! wie ihr einander nicht aufhören wolltet zu versichern, danach, auf dem Boot, und zu verschweigen: daß ihr recht erleichtert gewesen, als sie endlich abgedreht und euch allein gelassen mit euerm schlechten Gewissen …

andrerseits aber, wie ihr irgendwo in den Savannen Sambias, in einer Diskothek namens »Waterhole Willi«, beim allgemeinen Fruchtbarkeitstanz mitzuhalten strebtet, selbst im Sitzen noch stampfend, und wie sich dann einer im Leopardenmantel zu euch setzte, sein Becken sofort auf eindeutigste Weise erbeben ließ, als ritte ihn der Teufel, und nach einigen Takten das, was er durch seine Vibrationen derart in Wallung gebracht, daß er's mit beiden Händen kaum mehr zu bändigen vermochte: einfach von seinem verferkelten Wesen herunterzog oder vielmehr hinaufstemmte und zum nächstbesten weiterwarf; und wie der, das Nichts aus sehr heißer Luft reflexartig fangend, keine Wahl hatte, als auf ähnliche Weise mit ihm zu verfahren, zunächst einem ratlos rhythmischen, zunehmend einem schweinischen Interesse gehorchend; und wie ihr das so lang betrieben, bis ihr aufgeben mußtet vor lauter Schmerzen in den Mundwinkeln …

wie ihr in der Südspitze Indiens lagt, auf einem Hotelbalkon hoch über der Altstadt, unter euch ein paar Dächer und dahinter nurmehr Wasser Wasser Wasser bis zur Antarktis, und wie ihr's den Einheimischen auch hier nachmachen wolltet: Kaum hattet ihr freilich, mit Ekel, die (am Straßenrand erstandne) Betelnuß zerkaut, kriegtet ihr weiche Knie, setzte mit Macht der Schluckauf ein, ihr mochtet den Speichel noch so karmesinrot von euch geben. Dann der verzitterte Blick übern Ozean, durch eine immergleiche Lautsprechermusik ergänzt, am Strand lagen die Fischerboote, bunt und schäbig, und am Ende kam ungebeten der Etagenkellner und flehte euch an, ein Cola bei ihm zu bestellen, »dschast oann koki, pliiis« …

oder wie ihr mit der einzig verbliebnen Straßenbahn von Rio bergan fuhrt, in einem uralten, rundum offnen Waggon mit Holzbänken, während aus den Armaturen der Rauch mächtiger und mächtiger aufqualmte: so daß dem Fahrer gar nichts übrigblieb, als achselzuckend abzuwarten, und euch erst recht nicht: auf einer bloß wagenbreiten Brücke hoch überm mehrspurigen Verkehr, direkt am Rande des Abgrunds …

und da war doch auch – Jahre früher? später? – die Frau, mit der ihr durch den indonesischen Dschungel spazierengingt, oder war's der malayische Regenwald mit seinem lehmig glänzenden Boden, den verfaulten Blättern, den riesigen Wurzeln, dem ständigen Gezirpe, und die Frau trug allen Ernstes schwarze Lackpumps: deren sie sich nicht eher entledigte, als bis ihr an einen Fluß gekommen. Um am andern Ufer mit großer Gelassenheit die Blutegel vom Bein zu zupfen und sich, noch rann ihr das Blut die Schenkel runter, vernehmlich raschelten die Affen durch die Baumkronen, und sich dann wieder in die Pumps und auf den Weiterweg zu begeben …

Das! und weit mehr würdet ihr so gern erzählen, sämtliche Geschichten, die ihr mal erlebt und die wahrscheinlich jetzt
– ja, jetzt! in dieser Sekunde! –
erneut passierten, auf verdammt ähnliche Weise passierten, bloß ohne euch; in Gedanken seid ihr überall gleichzeitig, ein irres Anfluten von Erinnrung, ein Aufschimmern, -lärmen, -leuchten in euerm Kopf: Zu jedem Dschungel fallen euch Vergleiche ein, zu jeder Wüste, jedem Meer … Oh, schon Zürich ist eine tiefere Stadt, und Zagreb erst recht Kuala Lumpur, nicht wahr? Doch die Wunder und Weihen, die man dort hat, die erlösen gerade
– ja, jetzt! in dieser Sekunde! –
nur die andern. Wohingegen ihr längst weitergezogen seid, in Wehmut stets über das große Gestern, in Hoffnung stets auf

das große Morgen, weitergezogen durch fünfzig? sechzig? Länder vielleicht siebzig? Und nun seid ihr müde, bräuchtet dringend!
einen Kaffee, einen einzigen kleinen Kaffee, ist das denn zuviel verlangt? Aber nein, all eure Geräte umschweigen euch beharrlich, das Fax, der PC, das Telephon, das Handy, man will euch die Pause nicht gönnen, und läget ihr, verstorben am Bleistiftspitzen, zusammengefaltet an der Tischkante, rundum garniert mit hoffnungsvoll zerknüllter Zettelbotschaft, es wäre keiner dran interessiert, vergessen hat euch die Welt.

Wie ihr das endlich begreift, da ist's eine Sekunde lang noch stiller um euch herum: so still, daß ihr euer Lächeln hören könntet.

Eine Sekunde später seid ihr wieder auf dem Weg. Vielleicht wollt ihr euch dabei dran erinnern, wie der Kaffee auf Teneriffa schmeckte, beim Lieferwagen am Buenavista-Paß, oder in Bahia, beim »Mestre do Hot Dog« neben dem Tisch voller Kuhaugen. Vielleicht wollt ihr's aber, ausnahmsweise, auch mal lassen. Und einfach dorthin gehen, wohin euch die Sehnsucht so mächtig jetzt treibt, den erstbesten freien Tisch wählen und euch hinsetzen, als würdet ihr auf nichts & niemand mehr warten in dieser Welt. Außer! auf den Kellner. Und einen kleinen Kaffee.

Akupunktur der Stille

Guilin, Mai 1985

Eine Landschaft, die sich aus solch saftigem Grün türmt, daß man den Tod vergißt: bemooste Bergwelt beidseits des gemächlich gewellten Stroms, verwachsen bisweilen heranbukkelnd schroff aufzackend zusammenschluchtend, senkrecht aufhöckernde Felsgebilde, an denen in schmalen Streifen das Wasser hinabstürzt. Hinab, bis es zwischen baumhohen Bambusbüscheln zerstäubt, hinter schräggekippten Kiefern, im dichtgefarnten Uferschilf; rotgepflügt an den Abhängen leuchten vereinzelt Felder, und ganz oben, über den bizarr aufspitzenden Gipfeln, dunstet dasselbe vernieselte Grau wie tief unten im Fluß – Vogelsilhouetten kreisen chinesische Schriftzeichen hinein: Eine Landschaft gibt's, die nennt sich die schönste, die nennt sich Guilin.

Und ansonsten?

Stunde um Stunde sprachloser schauend, lehnt man im Bug des Schiffes, ein paar Handspannen bloß überm Wasserspiegel, wie er so zärtlich unter den Berührungen des Regens erschauert, daß man den Schmerz vergißt. Warmfeucht die Luft, oh ja, manchmal fast wie der flüchtige Morgendampf im Dschungel, manchmal fast wie die Mittagshitze in einer Gummibaumplantage. Hier schaukelt, auf vier schmalen Balken, ein Fischer samt Korb & Kormoran vorbei; dort wirft einer, bis zur Gürtellinie im Wasser stehend, wirft weit aufbauschend sein Rundnetz in den Himmel, weit aufbauschend über eine Landschaft, die man von fernöstlichen Tuschbildern schon immer zu kennen glaubt. Und die doch so fremd jetzt vorbeigleitet, so fremd, daß man kein Wort dafür zu finden wüßte. Wohingegen eine Schar amerikanischer Touristen jede Flußbiegung mit »Isn't that beautiful« kommentiert, jede Bergkrümmung, »Unbelievable«, jede Schönheit, die sie entdeckt, gleich wettzumachen sucht durch, »Looks kinda like Bryce Canyon, but the sky's a little bigger there«, durch Benennung andrer, *noch* größrer Schönheit, deren sie teilhaftig geworden:

- auf einer Pagodenspitze in Pagan;
- in Hongkong, mit Blick aufs nächtliche Kowloon;
- zwischen den Basaltnadeln des Hoggargebirges;
- auf der Terrasse eines Guesthouses am Mekong, als der Platzregen das Schilfdach beprasselte;
- vor den weißgetünchten Mauern von Sidi Bou Said, über die in prachtvoll violetten Trauben Bougainvilleas hingen;
- in irgendwelchen Upper Barracca Gardens;
- auf einer gewissen »Düne 45«, zum Sonnenaufgang;
- in einer Bar am Felsufer von Montego Bay, zum Sonnenuntergang, wo die Gischt mitunter in den Rumpunch spritzte –

– aber da könnte man sich auch verhört haben, weil man im Grunde ja bloß hineinlauscht ins zartgraue Rauschen der Welt, hinaushorcht aufs Nieseln, auf die winzigen Triller überm Tuch des Flusses, aufs Gespräch der Berge mit dem Himmel.

Und ansonsten?

Kommt dann doch der Moment, da das Mittagessen verteilt wird: eine Schale Reis pro Person, ein bißchen Schweinefleisch, Erdnüsse, Rührei darübergehäuft süß panierter Aal; und in ebenjenem Moment, als sei's vereinbart und also selbstverständlich, reißt der steingraue Tag auseinander und ein erster Sonnenstreifen fällt auf ein dörfliches Ensemble inmitten von Teefeldern. Fällt auf Bambushütten und Gestelle mit Netzen, auf Wasserbüffel, wie sie, schwanzschlagend, in den überflutet schimmernden Feldern herumstehen, am Steg wippen vertäut die Boote, und wohllautend klingen Rufe herüber: angenehm unverständliches Wortweben, nasal aufzirpende Vokalmusik – sogar als Amerikaner wird man einsilbiger, »Sounds kinda like ...«, wird man stumm. Für den Rest der Fahrt schiefern die Verrücktheiten der Landschaft vollkommen kommentarlos vorbei, moosgrün ausgepolstert ein Überfluß an Stille. Oh ja, jetzt ist's endlich so, wie man's immer ersehnt hat: im Bug lehnen und vergessen – all die Probleme auf all den Plätzen des Himmlischen Friedens, in all den Höhlen der tausend Buddhas, mit all den Gletschern, Wasserlöchern, Lattenzäunen dieser Welt –, nur lehnen, aufs Vorbeiglucksen des Flusses lauschen, nichts tun, nichts denken, nichts fühlen, ein wunderbar gleichmütiges Dahingleiten.

Und ansonsten?

Kommt dann doch der Moment, da die ersten Vororte wieder auftauchen, da man zurück ist in Guilin: der Hauptstadt gleichnamiger Landschaft, die, jeder Sonnenaufgangsdüne zum Trotz jeder Sonnenuntergangskneipe, die von sich sagt, sie sei die schönste der Welt.

Und weil das vielleicht sogar, ach was, weil das ganz sicher stimmt, zumindest an einem Tag wie diesem, darf er auch kein Ende nehmen, der Tag, läßt man sich einfach zu Fuß weitertreiben, den mannigfaltigen Hinweisen der Sonnenstreifen folgend, dem melodischen Dauerklingeln der Radfahrer, den zaghaft lockenden Radiorhythmen aus winzigen Läden: in jener bis ins Zentrum mit Bergbuckeln gesegneten Stadt, überschwemmt seit Tagen vom Monsun, eine riesige Pfütze fernab von allen Metropolen der Welt.

Und ansonsten?

Trinkt man ein Glas gepreßtes Zuckerrohr am Straßenrand, Garküchen locken mit Reis in Reiswein, mit süßer Reismehlbällchensuppe, mit paniertem Aal. Noch kauend passiert man einen Zeitschriftenstand, der seine Comics zwischen den Wasserlachen ausgelegt hat, noch schluckend umgeht man Kartenspieler, überholt einen kompletten Kindergarten – brav an der langen Hanfleine der Aufpasserin zwitschern Mädchen mit Haarschleifen und buntbeschlipste Knirpse mit Schlitzen im Schritt, auf daß sie jederzeit bequem zu Potte kämen –, schlendert vorbei an mienenlos hockenden Schachspielern, mit klatschender Geste schlagen sie die Steine vom Brett, trinken Bier aus Plastikkannen. Alles mit gleicher Inbrunst bestaunend, läßt man sich durch die Gassen laufen, bis man schließlich auf dem Hügel des Sieben-Sterne-Parks zum Halten kommt, bei der Pagode. Ein Blick auf die Stadt, auf die Landschaft dahinter im Dämmerdunst.

Und ansonsten?

Tritt man jetzt endlich den Rückweg an, fast ein wenig erschöpft von all der Schönheit, tritt den Heimweg an zum Hotel, wo man womöglich wieder auf Amerikaner stoßen wird.

Doch seltsam, die Straßen verlaufen nicht mehr so selbstverständlich wie bisher: Die Schachspieler, Kartenspieler, Mah-Jongg-Spieler trinken zwar weiterhin Bier, sprechen aber kein Wort Englisch, die Garköche, Fahrradschlauchflicker, Rollbildverkäufer – niemand will hier die simpelsten Gesten verstehen. Als man sich entschließt, dem nächstbesten Verkehrspolizisten mit der Hotelvisitenkarte zu kommen, weiß der zunächst nicht mal, mit wie vielen Händen er danach greifen soll. Die Minuten verstreichen, der Verkehr ruht, der Polizist dreht die Visitenkarte auf den Kopf, die Minuten verstreichen, und drückt sich dann in stumm ausholender Bewegung die Zeigefingerspitze auf die Nase. Oh, schon steht man zwischen allen Pfützen, begafft von blaubekittelten Männern, blaubekittelten Frauen, die einander die Visitenkarte weiterreichen, ein Kohlehändler nimmt sie schließlich mit verrußter Hand an sich und, nun ist man wirklich verloren, und fährt mit ihr auf seinem Rad davon.

Was bleibt einem übrig, als weiterzugehen, geradeaus. Als die Dinge fast vollständig ihre Farben verloren haben, biegt man in eine Allee, linksrechts der Fahrbahn ragen als riesige Schattenrisse Bäume. Ragen empor aus viereckig spiegelnden Pfützen, die mit niedrig gehaltnem Mauerwerk umfriedet sind. Nur einer der Bäume, sieh an, entragt einem Rechteck aus, wie soll man sagen, aus geschliffnem Rubin? Zögernd tritt man näher und – in der Tat: Der Baum hat geblutet.

Blutet noch immer.

Als man um seinen Stamm herumgeht, sieht man, hockend auf dem Gehweg, zunächst einen Chinesen: mit rundem Strohhut, blauer Jacke wie Hose; neben sich Thermoskanne und Tasse, deren Bemalung ihn – dergleichen kennt man mittlerweile zur Genüge – als »Held der Arbeit« ausweist. Daneben eine Schüssel mit kleinen Aalen, silbergraues Geschlängel in einer Neige Wasser. Nach einem Schluck Tee greift der Mann – nicht zum ersten Mal – in die Schüssel, ohne den Blick von einer beliebigen? Stelle der Baumrinde zu wenden, greift. Und greift erneut, denn die Aale, natürlich, suchen sich zu entwinden, greift so lange, bis er ein Opfer fest in der Hand hat. In der *linken* Hand, mit der er's auf Augenhöhe jetzt hebt, an den Stamm drückt, um's mit der Rechten – nicht etwa in einem heftigen, einem entschloßnen, einem endgültigen Stoß, sondern sehr langsam, sehr beiläufig –, um's knapp unterm Kopf aufzuspießen, mit einem kleinen Küchenmesser. Das Tier krümmt sehr schnell, sehr unbeiläufig seinen schlanken grauen Körper, man meint, seine Schreie zu hören, während die Hand des Mannes am Tier entlanggleitet. Bis sie ganz plötzlich zudrückt an dessen Ende, knapp über der Schwanzspitze. Die *linke* Hand des Mannes; woraufhin er mit seiner Rechten, die sich inzwischen eine Nagelschere vom Mauersockel ertastet hat, oh ja: nicht mehr als eine Nagelschere, woraufhin er mit der Scherenspitze auf dem schillernden Tier herabstreichelt und, die Scherenblätter leicht auseinanderziehend, in dessen schmalen Leib hineingleitet. Ins schmale Schwanzende eindringt, sehr langsam, sehr beiläufig, und ohne Hast, mit sachlicher Sorgfalt, das Tier der Länge nach aufschneidet, bis zum Kopf. Dessen bebendes Fleisch mit dem Zeigefinger auseinanderdrückt, mit dem Zeigefinger der *Linken,* und die lächerlich unscheinbaren Innereien mit der Rechten herausschabt, in die Lache aus Wasser und Blut am Fuß des Stammes fallen läßt, noch immer zuckt

das Tier und zittert am geschlitzten Leibe, noch immer versucht das Tier zu sterben, doch das will ihm nicht so recht gelingen. Der Mann, am andern Ende der Schere, sagt kein Wort. Dann: wird's ruhiger im Tier, der Mann gießt aus der Kanne frischen Tee in seinen Becher. Nach ein paar sinnlos verzuckten Momenten, in denen das Tier mit seiner Ausweglosigkeit ringt, schneidet er ihm
– ja, jetzt! in dieser Sekunde! –
schneidet ihm den Kopf ab.

Vielmehr den Körper, während der Kopf aufgemessert am Baum verbleibt; und während der Mann den Körper hinabgleiten läßt in seine Hand, seine *linke* Hand, und von dort in einen Plastikteller, der sich knapp neben der Thermoskanne füllt, greift er sich mit der Rechten den Becher. Schlürft einen schnellen Schluck. Setzt den Becher ab, zieht sein Messer aus der Rinde und schnippt den Aalkopf in die Gosse: wo weitere Köpfe schon im Halbkreis die Straße sprenkeln.

Dann erst schaut sich der Held der Arbeit, unwillig fast unwirsch, über die Schulter: Ertappt ist man und blickt seinerseits weg, blickt in eine Runde stumm starrender Gesichter – man empört sich also? Oh nein, man staunt. Und wie man sich, voll des Unverständnisses, so wechselweise anstarrt, rundum versinken die Dinge in der Nacht, ist's eine Sekunde lang ganz still

während in der berühmtesten Kirche von Bahia, in der kachelverkleideten Igreja do Senhor do Bonfim, die Plastikbeine, dicht an dicht, die Plastikarme, Plastikköpfe von der Decke der Sakristei baumeln: Dank für Heilung von schwerem Leid …

so still, daß man sicher die Baumrinde hätte singen hören oder das Blut am Fuße des Baums, zumindest den Regen, wenn er nicht längst aufgehört hätte. So still, daß man das allgemeine Staunen zu hören vermeint, das Staunen nicht etwa über den Mann, dessen Hand bereits blind wieder in der Schüssel wühlt, sondern über dessen Beobachter: Kinder, Frauen in Uniformhosen und Gummistiefeln, eine Greisin mit rundgebeugtem Oberkörper, sogar einige Männer sind vom Rad gestiegen, stumm fragend, was man sich hier fragen konnte, in einer Stadt immerhin, die – in einer Landschaft, die sich die schönste nennt.

Botswana-Blues

Seronga, August 2005

Einen Fluß gibt's im Norden
der Wüste, der findet den Weg nicht
zum Meer, der versiegt, ein riesiges Delta,
zigtausende Quadratkilometer! nichts
als Papyrusdickicht, Seerosen, Reiher
und Fischadler, natürlich, mit weißem
und mit schwarzem Gefieder

Nun stell dir mal vor, wie ich, verkleidet
als Khakihosenträger, in 'nem Einbaum liege
und mich durchs Schilf chauffieren lasse:
Der Mann im Heck, der mich (mit nichts
als einem langen Ast) irgendwohin befördert,
summt mir sein schwarzes Lied dazu,
im Grunde bräucht' ich bloß mitunter
'nen Schwarm winziger Fliegen wegzuwedeln

Verstehst du,
die Welt hat sich an diesem Tag,
ich will mich wirklich nicht beschwer'n,
hat ziemlich sich ins Zeug gelegt: so viel

an fremdem Grunzen Rascheln Sirren Schnalzen,
so viel Blätter, Halme
die hinter uns zusammenschnurrten

Wenn ich zurück jedoch bald bin aus diesem
Papyrusparadies (in zwei, drei Tagen, vielleicht vier),
dann wird es niemand geben, der
meine Erinn'rung teilt an diesen still verglucksten Tag.
»Ja, interessant«, wird man mir vielleicht halben Herzens
noch zugestehn, »so 'ne Art Donaudelta
auf Afrikanisch« …
Aber verstehst du, dieser Tag
unter der trägen Sonne, schilfbeschützt,
der *war* nicht interessant.
Der war vielmehr so schön, daß ich ihn
am liebsten gar nicht erst erlebt und am zweitliebsten
sofort wieder vergessen hätte,
weil ich ja wußte,
weil ich in jeder Faser wußte,
daß ich den Rest des Lebens
verdammt alleine bleiben würde mit
all diesen Seerosen, den Reihern und den Adlern,
mit all dem Keckern, Keifen, das ich von fern vernommen,
mit all dem Flirren, Flattern, das ich ganz nah gesehn

: in meinem Einbaum
an diesem schrecklich schönen Tag

»Das Schweigen am andern Ende des Rüssels«

entstand in den Jahren 1985–2001. Länderspezifische Aussagen oder Namensnennungen verstehen sich als Teil der literarischen Phantasie, nicht derjenigen einer auf Authentizität oder gar Wahrheit zielenden Wirklichkeitsschilderung. Die Angaben unter den Überschriften bezeichnen Ort und Zeitpunkt der Handlung, nicht der Niederschrift.

Folgende Texte wurden – in z. T. erheblich abweichenden Fassungen – bereits separat veröffentlicht:

Schrecklich schöner Tag in: Christoph Buchwald u. Adolf Endler (Hg.): Jahrbuch der Lyrik 2002. München: Beck 2001.

Tod eines Thunfischs: gesendet im Norddeutschen Rundfunk am 21. 2. 1999; veröffentlicht unter:
http://novel.zdf.de/romanti1/mp1.asp bzw. unter:
file:///NOVEL3/novel3/romanti1/mp1.htm auf der CD-ROM: Ein Mann von vierzig Jahren/Marietta. Die komplette ZDF-Dokumentation zum neuen Roman von M. P. ZDF.online/Luchterhand 2000 und (unter dem Titel »Haia Safari«) in: SZ-Magazin No. 35/3. 9.1999.

Weltzeitgeschichte (I) und *Akupunktur der Stille* in: literapur. Der Schauplatz ändert sich durchaus. Hg. von Jürgen Abel, Albrecht Oldenbourg, Jürgen Schiller. No. 1/1989.

Sonnenbaden in Sibirien, Um China kommt keiner herum und *Ein Gletscher in der Wüste Gobi* in: Sonnenbaden in Sibirien. Dreiseitige Geschichten. Warmbronn: Keicher (Roter Faden 30) 1991.

Fahrt in den Frühling unter:
http://novel.zdf.de/romanti1/mp1–2.asp bzw. unter:
file:///NOVEL3/novel3/romanti1/mp1–2.htm auf der CD-ROM: Ein Mann von vierzig Jahren/Marietta (s. o.).

Buddhas goldner Schließmuskel: gesendet im Norddeutschen Rundfunk am 21. 2. 1999.

Das Schweigen am andern Ende des Rüssels in: Listen. Rezensionszeitschrift. Hg. von Angelika Burkhard. Heft 46/1997.